史上最強的說話技巧！

會搭訕的人叫「交際」，不會搭訕的人叫「騷擾」。

第一流的人際關係開拓技術！

黃金說話術

麥凡勒　主編

前言

不是我不明白，是這世界變化快！

如今這時代，沒有誰總是在原地等你！

如今這時代，沒有人半夜三更苦心孤詣地寫萬言情書！

如今這時代，沒有誰不是憑出眾的口才贏得客戶的心！

如今這時代，網路、手機、飛機、高鐵……讓交流隨時隨地進行！

如今這時代，宅男宅女大肆流行，資訊的氾濫和交流上的錯位……奇怪的是，很多人們卻普遍得了「失語症」！

爲何交流的便捷、時空的虛擬化，沒能帶給人們眞正的精神愉悅呢？主要是因爲，網路使人們的交流逐漸趨向於虛擬化，高樓使人們的交流逐漸趨向於隔離化。

一方面，隨著城市化進程的加快，許多人迫不及待地從小地方流向基礎設施健全、就業機會多、商務交流快、教學品質優、醫療條件好、人群文化素質高、潛在資源多的大城市。

另一方面，大城市的人口越來越膨脹，樓群越建越密集，私家車越來越多，人們日常生活的必需品佔據了大量的城市空間，而人們的心靈空間，卻被擠壓得越來越小。這使得人與人之間的交往更加物質化，而少了心靈上的溝通。

有了上述矛盾的存在，搭訕就自然而然地被人們——尤其是年輕人——提上了生活日程。搭訕，亦作搭赸、答訕，它是指為了想跟人接近或把尷尬局面敷衍過去，而主動找話說。

前人在著作中對「搭訕」亦多有提及，比如：

「晴雯道：『或是送件東西，或是取件東西，不然，我去了，怎麼搭赸呢？』」（曹雪芹《紅樓夢》）「直隸總督此來，原想預先托個人情的，後見話不投機，只好搭訕著出去。」（李伯元《官場現形記》）「華大媽……似乎有些不高興，但又立刻堆上笑，搭赸著走開了。」（魯迅《吶喊・藥》）「和老父親搭訕了幾句，天佑到自己屋裡看看老伴兒。」（老舍《四世同堂》）

由上述可見，搭訕活動由來已久，是極為正當的日常活動，並非現代浮躁生活的產物。這大概可以稍微堵住那些視「搭訕」爲現代年輕人輕浮之舉者的悠悠之口。

其實，搭訕的好處多多。它不僅是一種有效的自我提升方式，還可以使人建立更強大的自信心；不僅能夠改變一個人對這世界的看法，還可以使人更加積極地面對生活；不僅可以讓人對生活充滿熱情，還可以助人拓展自己的交際圈；不僅可以讓人提升自己的交際能力，還可以讓人找到合適的異性伴侶……

可以說，搭訕不只是搭訕，一個人只要敢於搭訕，他的心靈也會隨之改變、向上提升，並擴充能量，從此走出人際疏離的困境，活得開心，活出自信。

本書將搭訕的各種情境、案例、場合、功用、本質分析、訓練方法、進階層次、必殺祕技等全部收入，生動有趣，實戰性強，且易懂易學，眞正讓人——「一本在手，終身受益」。

如果您還在翻看那些泛泛空談的口才書，還在爲沒有出色有效的說話技巧而煩惱？那麼，現在……對，就是現在——馬上扔掉那些玩意吧！只要您拿起這本書，快樂閱讀，活學活用，定會讓您一生受益無窮！第一流的人才就是會利用無中生有的人，而搭訕不僅是黃金說話術的寶典，也是在無中生有的情況下能打造出良好人際關係的終極技巧！

目錄

3 不被拒絕的搭訕技巧

目錄

第1章

怎樣克服「搭訕恐懼症」

搭訕這件事兒，它絕沒有那麼輕浮

不得不承認，一說到搭訕這件事兒，很多人就會想起「周星星」（周星馳）無厘頭似的搭訕。可能「周星星」的演技實在是入木三分，以至於人們很容易把搭訕和「輕浮」、「不正經」、「有傷風化」等詞聯繫在一起。其實，這是對搭訕的一種誤解！

某些電影裡那種誇張的、老套的、做作的搭訕方式，或現實生活裡無聊男子特有的搭訕動作和語言……這些都不是正宗的搭訕，只能說是發癲或調戲。那麼，到底什麼才算是眞正的搭訕呢？

如果一定要給「搭訕」下個定義的話，那麼，搭訕指的是主動和陌生人交流，是一種人與人之間的交流方式。

從應用範圍上講，問路、要電話、閒聊等都是搭訕。

搭訕，是爲了把自己想對陌生人說的話，如何巧妙、合理地表達出來，而爲雙方帶來愉快，這種方式強調的是內心的眞誠交流，而不是僅僅靠技巧性的東西吸引對方的目光。

從本質上講，搭訕所傳達的是一種最直接的信念，有效的搭訕能帶給人自信，可以贏得他人信任，並提高心理調適的能力。

現在的年輕人越來越「宅」，也有越來越多的人發現他們的交際能力下降了。有些職場人士，在開拓新客戶的機遇時，也因缺少交際能力而眼睜睜地看著機會溜走。正因如此，假如你至今尚未掌握一定的搭訕技能，就不妨敞開心房，帶著一顆躍躍欲試的心了解一下「搭訕」這件事吧！

有個人在談到自己的一位好友時，曾說過這樣一個故事——

二〇〇五年，我的好友阿城從美國歸來，帶回了一個亮麗可人的大眼睛美眉。事後，我纏著他不放，直到他將他和漂亮美眉之間的相識過程「從實招來」。

原來，阿城畢業後不久就去了美國。剛開始，他對於那個高消費、快節奏的國度很不適應，再加上他出國後形單影隻，一直鬱鬱寡歡。

他覺得自己缺一個生活上的伴侶，更是心靈上的伴侶——女朋友。

有一天，他出了家門，來到了唐人街。

突然，一個長相、身材、打扮都相當有水準的華人女大學生，從街邊便利店走了出來，讓正在大街上晃悠的他眼前一亮。

不得不佩服愛情的力量眞是偉大，平時見到漂亮女生就害羞的他，居然敢大步向前迎上那位女生，輕鬆、自信地用中文打招呼：「你好，美女，我非常非常想要認識你。」

幸運的是，他單刀直入非但沒讓美女產生反感，反而使對方對他產生了興趣。美女答道：「你有什麼能讓我感興趣的嗎？」他急中生智，來了個迂迴作戰，不慌不忙地說道：「如果你不介意的話，我們找個地方坐下來慢慢聊，在這個城市能碰到同胞眞是幸運！」

阿城這個傢伙就是充分利用了地利與人和，憑藉自己還不錯的口才和背井離鄉的民族親切感，第一次見面就成功要到了美女的聯繫方式，成就了一段美好情緣。

其實，與大學生搭訕，相對來講是比較簡單的，因爲大學生尚未步入社會，還是比較單純的，對方不會太看重你的財富、家世與背景，而更看重的是你的氣場，一般只需要你大大方方地展現自我就可以了。

最關鍵的是要把握兩點：一是正確地選擇搭訕目標和搭訕地點；二是要敢於鼓起勇氣去行動，「撐死膽大的，餓死膽小的」是很有道理的。這樣才能夠像阿城一樣，從見到漂亮女孩子就害羞臉紅到敢於輕鬆自如地和美女搭訕。

爲什麼「第一次」總是很難，因爲缺乏面對的勇氣。搭訕也一樣，我們無法控制別人怎麼想、怎麼做，但是我們能決定自己要怎麼想、怎麼做！

事實上，只要你是眞心誠意、謙恭禮貌、舉止合宜而又儀容整潔地去和對方表達你想結識他（她）的意思，對方就極有可能會接受。即便搭訕失敗了，也不要氣急敗壞，要表現出自己的風度。

總之，心動不如行動，一定要敢於開口嘗試。

成功開始第一次搭訕有哪些要點

1．醞釀勇氣。勇氣自始至終貫穿搭訕這個主線，如果你沒有膽量和陌生人説話，那麼你永遠都不會開始進行第一次搭訕。

2．準確的目標。你要學會選擇目標，選擇錯誤可能帶來難堪，也可能讓你遭受不必要的麻煩。一般而言，第一次搭訕應選取一個簡單的目標，等到積累起足夠的經驗，再選擇有難度的目標加以攻克。

3．迅速。搭訕有一個「三秒法則」，意思是初次見到陌生人，三秒鐘內就要接近對方，如此可避免因顧慮太多而緊張，也會避免因為盯著對方太久而將其嚇跑。

4．**應急的智慧**。提到智慧，應該不需要多解釋了，這個要點是所有想要成就精彩人生者所必備的素質，在搭訕的過程中必須擁有機智應變的能力，或讓對方產生興趣的技巧。

上述品質雖然不是生來就有的，但你完全可以通過不斷地實踐，來磨煉自己的膽量和智慧。通過不斷地學習總結，成為一個搭訕高手。

放下面子吧，搭訕沒有那麼危險

愛美之心人皆有之。帥哥在咖啡館、電影院、公園遇到美女會魂不守舍，女孩在街上遇到帥哥也會怦然心動。可爲什麼不管結局如何，有人會上前主動搭訕，而有人卻白白錯失大好機會，等到夜深人靜孤家寡人時才暗自歎氣呢？

通過對前面所說「阿城搭訕美女大學生」的故事的分析，相信許多人都會覺得搭訕並不是什麼壞事，甚至有時還是一件好事，可爲什麼有些人仍躊躇不前呢？

1．怕丟掉了自己的面子

很多人不去搭訕，說穿了，其實就是怕被拒絕、怕失敗、怕被別人笑話。不過，請大家仔細想一想，去搭訕的你，本來就不認識對方，被拒絕了大不了就是回到原點，你損失什麼了嗎？

基本上，搭訕比任何一個商業活動或決策，都要來得穩而且只賺不賠。因爲只要你做了，就可能有收穫，即使你失敗了，也不會有任何損失。有人會說：「不對啊！搭訕失敗讓我損失了面子啊！」但現代社會的經驗告訴我們：做人要務實。

2．錯誤的罪惡感

很多人認爲，搭訕是一種輕浮的舉動，是不文明、不道德的，他們甚至還會因此而產生罪惡感。其實，搭訕只是一種手段，與對方相識、相知才是眞正的目的。因此，你不必爲自己主動與搭訕別人而感到心虛。

如果你連接觸對方的行動都沒有，那對方不僅不會成爲上天賜給你的禮物，反而會成爲你永遠的遺憾。「以貌識人」不是「以貌取人」！況且，一個人的外貌，絕不只是其亮麗的外型而已，還包括其氣質、風度以及舉止。被這樣的人吸引，而產生結識他

（她）的願望和行動，不是天經地義的嗎？

3．把緣分當作不敢搭訕的藉口

相識應該靠緣分，這完全沒錯。但很多人認為，只有朋友介紹或在同一個公司上班，才是所謂「自然而然」認識的人，這樣認識的人也比較值得信任。而搭訕則是跟完全不相干的人說話，因此他們覺得這不能算是緣分。

其實這種論點是站不住腳的，實質上搭訕是一種寬泛意義上的緣分：只要被你看到的，就是一種緣分。你該做的，就是把握這個機會，和你感興趣的那個「陌生人」說話，開始你們眞正的「結緣之旅」。

所以，想要進行一個成功的搭訕行為，首先就要征服自己。有一位男士曾經歷過這樣的一件事情——

在圖書館，他看到了自己心目中的「白雪公主」，經過多次的自我說服、自我打氣，他終於鼓起勇氣走了過去。

看到她在看有關精神分析的書，他立刻上前搭話：「你是喜歡佛洛依德嗎？」

她似乎有點害怕，很緊張地回答：「不是！不是！你不要想跟我搭話，你們這些人都不是什麼好東西。」然後馬上轉過頭去繼續看書。

他感到非常羞愧，於是趕緊順著書架的方向溜走了……

上述故事中，直接問：「你是喜歡佛洛依德嗎？」顯然是爲了搭訕而搭訕，誰說看精神分析的書就會喜歡佛洛依德，旁邊的人也在看書，你爲什麼不問？

很顯然，這種搭訕內容不符合人的慣常思維，讓容易害羞的對方厭惡也是很自然的。如果上面故事中的男士在看書看了一段時間後，顯然在思想上同對方有了「交集」，再問：「你覺得這本書好看嗎？」這種方法顯然比較自然，也符合邏輯和人的慣常思維，所以搭訕成功的可能性也會大一些。

如何提高男士搭訕成功率

搭訕需要勇氣，但堅決拒絕盲目。搭訕開始前，腦子裡要先有個大概規劃，對目標做大致分析，思考「成功」的機率有多少。

另外，還要仔細觀察對方的外部特徵，通過表情、穿著等方面對其有個大致的了解。當然，做這種準備時不要靠得太近，否則會讓對方懷疑你是個企圖不軌的色狼。

含蓄的女孩通常外表文靜，穿著保守。對這類女孩，男孩子一定不能表現得太過輕浮，可以說些——「我覺得這本書還不錯，你覺得呢？」之類的話。

要注意，一定要用正面語言，不要說這書太難看、看了就覺得噁心之類的話。因為，此類說法可能會讓對方覺得你有意貶低她的品位。

或許你會說，這種方式與上面的方法有何區別，不都是搭訕嗎？如果這樣想，你就錯了，搭訕需要技巧，而地點、語境也是需要考慮進去的因素。

接受搭訕的女性如何保護自己

很多女孩子認為，和陌生人搭訕是十分危險的，對來自不明人士的搭訕，應當一概拒之門外。其實問題並沒有那麼嚴重，只要注意自己的回應方式，避免讓對方誤會就可以了。

來搭訕的人，如果風度儀態不錯，是可以和他相約再次碰面的，但是碰面的地點和時間非常重要，應該是白天或是中午，特別是以在公共場合見面為宜。

如果通過搭訕認識的人，第一次約你就選在晚上或人煙稀少的地方，那就是一個警訊，一定要注意，不要赴約，這是最基本的保護自己的方式。

搭訕本身並沒有錯，但是如果你沒有花一段時間來了解對方，就輕易相信對方的話，那就不可取了。平常交友時都知道要注意這一點，何況是經由搭訕而認識的朋友。

如果你還是認為搭訕不好，覺得來搭訕的男生都不是好東西的話，那麼沒關係，請拒絕所有來搭訕的人。但還是要勇敢地去和自己想要認識的男生搭訕，因為你有權選擇自己的人生，應該主動去認識自己想認識的人！

爲什麼要和陌生人說話

有句話說得好，陌生人是喬裝起來的貴人。我們每天見到的陌生人無數，卻本不知道自己身邊隱藏著多少貴人。

和陌生人說話就相當於得到一個新的機會，在我們還沒有確定這個機會是否對自己有用之前，要好好保管它。因爲這個人很可能就是我們的貴人。

陌生人的用途其實有很多，有時候朋友做不到的事情，陌生人卻能夠做到。正因爲你和他不熟，你們相互之間交流起來反而會覺得輕鬆。這種情況下，人們心裡會有一種暗示：反正大家也不認識，就算眞的「囧」到，也不要緊。

不會有人把陌生人當作敵人吧？雖然陌生人不一定是朋友，但是他們也未必一定就是敵人。因此，你在和他人溝通時，要儘量多了解對方，包括人品、個性、愛好等方面。這樣你們在交往的時候可以避免掉很多不必要的麻煩。

和陌生人說話也是鍛鍊自己社交能力的一個好辦法。在一個保險代理人培訓課程中，有一節課叫做「陌生拜訪」。初學這個課題的時候，學員們都嚇了一跳，本來是陌生的，怎麼去拜訪呢？其實這就要看一個人的搭訕能力了。當一個陌生人在你面前的時候，你一定要知道自己想和他說些什麼，以及你想從他那裡得到些什麼。比如，壽險的業務員是去勸一個陌生的客戶接受自己，從而將錢投入到這張保單上。可見，和陌生人搭訕也包含了工作需要、利益交換等內容。

有時我們會覺得，自己並沒有對那個所謂的陌生人洞察入微，可是很多的想法又會與他不謀而合。其實，在我們的潛意識中，我們希望對方認識自己，並且相信自己，從而實現拜訪的目的。

陌生的拜訪，不僅是鍛鍊一個人的溝通課程，也是推向自己成功的加速器。現在的年輕人，生活的壓力很大，需要接觸的人也很多。有這樣一個故事，我們可以從故事中看到和陌生人說話的好處。

有一個男孩子隻身一人在國外求學，他的家境並不富裕，甚至可以說是很糟糕，但他每月往家裡打電話都說自己很好，可是父母不知道，他每天需要打三份工才能維持生活。

在生活和學習的壓力下，他覺得自己每天彷彿超負荷運行，甚至對生活的意義產生了懷疑。他也開始憤恨，覺得自己學習的金融專業在打工時根本用不上，即使學得再優秀，一樣也不被肯定。

有一天，他在咖啡店打工的時候，不小心弄灑了客人的咖啡，那個外國經理很生氣地批評他，甚至讓他下跪道歉。他用英文對經理說：「你可以讓我走路，不能叫我下跪。我道過歉了，再見。」

他轉身離開了咖啡店，一路上很迷茫。不知走了多久，他看到了一個公園，公園的長椅上坐著一位外國老婆婆，他對她點點頭走過去也坐了下來，心裡很無助，看著公園的噴泉，他突然想回國，因爲國外的生活實在是太累了，他覺得很灰心。

正當他坐在那裡咳聲歎氣的時候，那個老婆婆轉過身來問他：「孩子，是不是有什麼心事呢？」他便向她講了自己的遭遇，老婆婆得知他是學金融專業的，便簡單地勸了他幾句，叫他不要輕易放棄夢想，就轉身走了。

男孩回到住處，第二天正猶豫著要不要回國，突然來了一個電話。電話是當地最大的證券公司打來的，通知他去上班。男孩很詫異，他並沒有向那家公司投履歷，因爲他覺得以他的資歷，想進入那家公司簡直是做白日夢。當然，他毫不猶豫地接受了這份工作。

隔天他去上班的時候，他才知道前一天見到的老婆婆，竟然是這家公司的執行董事。他開始從最基層做起，由於他表現突出很快升了職，而且公司允許他半工半讀。後來，那個老婆婆再次見到他的時候說：「逆境中的人更容易獲得成功，關鍵在於他是否有勇氣和信心接受現實。」

之前，他並不知道老婆婆是自己人生中的貴人，但他通過搭訕認識了對方，並給對方留下了良好的印象，從而改變了他的命運。

由上述可知，陌生人對於我們來說很重要，他們很有可能成爲我們人生的導航燈，成為改變我們人生軌跡的貴人。

不管是單純地想要結識對方，還是想與其有進一步發展，搭訕都是一條有效的路徑。在與陌生人交流的時候，首先要分清自己和對方接觸是出於什麼目的。

我們生活的這個社會，每天都在變化，因為要接受新鮮事物。所以，和陌生人接觸便成了必須面對的課題。

生活的圈子常常被認為是衡量一個人才幹的標準。想想也是，一個人的人際關係常常與人緣掛鉤。所以，那些有人緣的人，更容易得到人脈的幫助，獲得事業和生活上的成功。

要知道，那些熟人，那些親朋好友只是代表你現在的交往範圍，而多結識新朋友，也就是陌生人，才能不斷拓展你的朋友圈子，為你的生活和事業注入新的活力和動力。

由此可見，結識新朋友是一個人取得更大成就的一種必要手段。甚至可以說，離開了陌生人，我們將一事無成。

俗話說，朋友多了路好走。想必大家都明白這個道理，朋友多了，涉及各行各業的人都有，那麼自己的事業也就有機會延伸至各個行業，去淘取真金。

還有一種人是結識異性，然後向對方發起進攻，贏得自己美滿的愛情。所以，趕快行動起來，大膽主動地去結識陌生人吧！讓自己的事業和愛情雙雙大豐收。

接觸陌生人的主要原因

接觸陌生人的主要原因可歸為兩類：一類是為了自己的利益，另一類是為了他人的利益。而為了利益去接觸陌生人的又會被分為兩類，一類是善意的，一類是惡意的。

善意的交往是以平等接觸為前提的，可以是為了交朋友而去接觸，也可以是有利益掛鉤的接觸。例如，生意上的交往就是利益的交往，有時大家能意識到，自己生意上的客户並非是自己所熟識的，而且需要依靠自己的能力去接觸他們，接觸得好，可能很快就能促成交易。

在這種交往中，雙方都是受益者，所以被稱為善意的交往。

惡意的交往，通常是為了達到某種目的而進行的，很大程度上是互相利用。

當今社會，我們的生活圈子自覺或不自覺地向外擴張。因此，我們與陌生人之間自然而然地產生了這麼一個交集圈。並且，這個交集圈正不斷地影響著我們的生活。

不過，和陌生人接觸也不一定都是與利益掛鉤的，有時可以是很單純地交朋友。和陌生人交往得當也是給自己一個機會，當陌生人與自己的關係拉近時，也代表著自己的

克服心理恐懼症

所謂的「社交恐懼症」，心理學上又被稱爲「社交焦慮障礙」。主要表現爲：自我封閉、不敢交友、拒絕一切集體活動、不敢大聲說話。當一個人的社交的欲望得不到滿足，便會產生焦慮、孤獨，不敢面對挫折，逃避現實，覺得只有躲在沒人的地方才安全，和陌生人交流也會變得非常困難。

此外，社交恐懼症的表現當然不僅僅是面對陌生人時手足無措、不敢言語，嚴重時還表現爲不敢在公共場所打電話、不敢在公眾場合與人共飲、不敢單獨和陌生人會面、不能在有人注視下工作等較爲極端的行爲。

在上述這些恐懼、焦慮的情緒出現的時候，常伴有心慌、顫抖、出汗、呼吸困難等症狀，甚至一旦內心感到恐懼便無法控制自己，無法擺脫這種夢魘般的境況。

心理學家認爲，現今產生社交恐懼的原因在於，人們過於在乎和顧忌他人對自己的評價，太過於看重外界的影響，害怕別人批評指責自己，對自己有不好的評價，因此，導致他們心存疑慮，並且舉棋不定，或者極度害怕被別人拒絕，或者對自身的身材、相貌等某方面沒有信心。

知名的心理學家科特雷爾曾經做過這樣一個試驗，他組織了一個小組進行活動，同時安排一組觀察者，並將這組觀察者的眼睛蒙上。結果發現，與可以自由觀察的觀眾不同，被蒙上眼睛的觀察者對活動者的影響幾乎是不存在的。這個試驗證明，評價顧忌是使人產生社交恐懼的一個重要原因。

心理恐懼症不僅是很多初學搭訕者的最大障礙，即便是許多搭訕老手也常常感到這種恐懼和焦慮。這種恐懼深深地埋藏在我們的潛意識中，當我們去接近目標的時候就跳出來，不停地在我們耳邊小聲阻止我們。我們沒有辦法消除這種恐懼感，可是恐懼感眞的會有那麼可怕嗎？還是這只是自己嚇自己的一個說法？

在生活中，我們每天都不可避免地要與陌生人打交道。我們可能需要和某個很重要的人物交談，或者需要在公眾場合發表自己的言論或看法。

平日裡揮灑自如的我們，每到這種時候，就會感覺到不安、恐懼，甚至表現失常。

其實，這是社交心理恐懼症在作怪。要想成功地和剛結識的陌生人打交道，我們首先要做的就是，突破自己的心理阻礙，堅定自我搭訕的信念。對於那些無法擺脫社交心理恐懼的人，讓我們來聽聽他們的困擾吧！

「我無法在不熟悉的上司面前，清楚地表達出我的意思，而且越是想表達，就越是不知所措。」

「每當我在公眾場合說話時，就會緊張得發抖，恨不得能馬上離開。」

這是兩位被社交恐懼症所困擾的女士的自白。

社交恐懼心理是普遍存在的，即使是那些神采奕奕的政界人士和大明星，也有手心出汗、詞不達意的時候。美國前總統卡特、電影明星凱薩琳·丹妮爾等，他們都曾表示在公眾場合講話時會感到緊張。唯一的區別是，明星們懂得如何調適自己的內心，使自己在極短的時間內回到自如的狀態。

也就是說，我們是否會心存恐懼並不完全在於外在環境如何，而在於我們的內心。大多時候，外在的環境是我們所無法左右的。但是，我們完全可以通過調適內心來實現對環境的適應性，讓自己充滿自信，克服恐懼心理。下面我們來看一個典型的案例——

美國前總統富蘭克林·羅斯福的夫人艾莉洛出身名門，照理說，她應該是個非常自信的女孩子。其實不然，她的母親、孀孀都是社交界名媛，相形之下，她一直自認爲是個笨拙的醜小鴨：長相平平、表情羞澀。她覺得上流社會的一切社交活動都和自己無緣，她認爲自己簡直一無是處！就這樣，她終日生活在自卑感以及他人的陰影之下。所以，她非常害怕並儘量避免參加各種舞會，即使參加了，也只是孤單地待在某個角落裡。

不過，在一次耶誕節舞會上，年輕的富蘭克林・羅斯福注意到了艾莉洛，他翩然上前邀請羞澀的艾莉洛跳舞，艾莉洛遲疑著答應了。

從這一次邀請之後，艾莉洛打開了自己的心扉，走出了自卑的陰影，終於成爲一個擁有自信笑容的魅力女人。

艾莉洛的自卑與自信，只在一線之隔，一句話、一個邀請，便改變了艾莉洛的一生。這給我們的啓示是：很多時候，阻礙你與別人交往的並不是你平凡的相貌、簡樸的衣著，而是你內心強大的阻力。只要衝破這一阻力，一切社交難題都將迎刃而解。現在，請跟我們一起，邁出擺脫社交恐懼陰影的第一步吧！

社交恐懼者之所以會產生恐懼的心理，大多數都是因爲缺乏交往的經驗和技巧，心理負擔太重。下面，我們提供幾個小技巧，它們將有助於減輕社交恐懼者的心理負擔。

(1) 放下「一定要給××留下深刻（美好）的印象」這樣的包袱，過分地對自己強調目的，心理緊張會使自己完全沒有辦法按照套路出牌。

(2) 悉心準備一些「自來熟」的話題，主動與「面善」的陌生人搭訕。

(3) 準備一些符合聚會規則的話題，如電影、趣聞、時事、運動的認識等。但是要分清場合，不能胡亂地施展，有時候錯誤的話題會讓人覺得你很沒有品味。

(4) 多向你身邊的社交高手們學習幾招藏拙技巧。例如：如何不露痕跡地把話題引到自己熟知的領域，並且不會被別人明顯意識到。

如果想要輕鬆秀出你自己，在與別人交往的時候，就要把自己最好的一面展現出來，博得對方的喝彩。做到了上述這些，你的社交之路將會變得暢通無阻。

下面列舉一些能夠給人留下好印象，並且能使搭訕更容易成功的技巧。

(1) 名字是自己的代稱，每個人的名字都會牽出一個故事或者美好的寓意，所以怎麼解釋你姓名的涵義，能夠讓別人記住你呢？很多有心理恐懼症的人都不敢做風趣的嘗試，他們懷疑自己的能力，甚至不敢大聲地說出自己的名字。想要成功就必須克服這個問題，讓別人清楚地聽到你名字的寓意，好好嘗試一下吧！

(2)每個人身上都有自己的長處，趕快秀出你的長處，爲自己爭取印象分吧！

(3)當自己過分緊張的時候，試著先深呼吸，並利用按壓頭部穴位的方式來釋放壓力，讓自己變得更加從容。

(4)不必擔憂自己會惹人討厭，去按照自己的想法搭訕吧！大多數交談都是從瑣碎而平凡的事情開始的，因爲瑣碎的談話會讓人們感到輕鬆。所以，你只要記得自己是爲了一次簡單輕鬆的聊天去搭訕的就好了。

(5)如果你不知道說什麼，那就讓你的眼睛注視對方的眼睛，並露出微笑。這樣，你的話語就被微笑帶出去了，對方會覺得你很安全。

(6)說話的時候先提出一個問題，聽取答覆後，接著提出另一個問題，使談話繼續進行。不要不等對方說完就繼續自己的話題，要知道，搭訕的禮節很重要。

(7)別繫過緊的腰帶或領帶，別穿鞋跟過高的鞋，別穿容易讓你出汗的衣服。人只要一出汗便會緊張，有的時候明明自己沒有緊張，可是因爲天氣熱，自己的思緒就會變得混亂。

(8)要懂得，他人不與你交談，不是他們討厭你。或許他們是喜歡你的，只是過於羞怯，而不好意思主動開始交談罷了！畢竟每個人的心裡都有一個社交恐懼在作祟。

(9) 有很多的人以爲，別人的一個奇怪眼神就是看透了自己。但是請記住，沒有人會完全知道你心裡在想什麼，每個人的內心世界都是隱祕的。

除了一些社交技巧，我們還爲你準備了克服社交恐懼的心理學三步法。

一、了解你自己內心的顧慮和恐懼是什麼。絕大多數情況下，顧慮都是毫無必要的，它只會阻礙我們更進一步的行動。因此，我們要勇敢地將其拋棄。

二、了解自己在他人心目中的形象和自己希望擁有的形象。詢問你的家人、朋友，在他們眼裡，你的形象如何；問自己，你是什麼樣的；問上司、同事，在他們看來，你是一個什麼樣的人。對比這三份評價和認知，找到眞正的自我。

三、相信自己，重新樹立對自我的信念。每個人都有自己的優點，有自我存在的價值。不必害怕，相信總會有認可你的人。

當你成功減輕了自己的心理負擔，你會發現與陌生人交往其實很容易，沒有什麼值得恐懼的。

其實，就算是世界上最頂尖的「搭訕藝術家」也有搭訕恐懼症，因爲每個人心裡都蘊藏著這樣的「基因」，只是有的人會調節，有的人不懂如何調節而已！

關於如何克服搭訕恐懼，有人總結過十大心法。個人感覺最好用的心法是——「想像成功法」、「降神法」和「渴望失敗法」。

現在，我們將搭訕總結爲六個步驟。如果你有決心、有毅力去實踐這六個步驟，你必然就會取得巨大的進步。

1．明確你搭訕的目的，找出是什麼東西在阻止你去搭訕。

你爲什麼去搭訕？爲了證明自己可以突破心理障礙嗎？想搭到自己心儀的異性嗎？你有道德上的負擔嗎？搭訕能給你帶來什麼？你害怕搭訕失敗嗎？是什麼阻止你採取行動，恐懼感嗎？恐懼什麼？怕失敗，怕被拒絕，怕別人嘲笑？這些你都考慮過了嗎？

2．把自己的搭訕意願激發到「一定要」的境界。

你一定要去搭訕嗎？是一定，還是只是有一點點想。

重新考慮你自己爲了什麼去搭訕。是不是因爲你找不到女（男）朋友，是不是因爲你周圍的異性沒有適合你的。每次從大街上走過，看到身邊飄過的那些迷人的身影，你是不是都感覺心中充滿了錯過的惆悵與悔恨。或者，你要和某個人合作，事業才上能夠得到成功，而這個人，你卻從未見過。

你願意繼續忍受這樣的孤獨嗎？你要委屈自己將就一個並不喜歡的女（男）孩嗎？你要一輩子忍受這種得不到成功的痛苦嗎？認眞地品味這種痛苦，把它當做你的苦膽，每天都品嘗一遍，直到自己無法忍受，喊出：「我一定要去搭訕！」改掉「我試一下」這樣軟弱的表達，把「我一定要」變爲表達習慣。

3．打斷舊的神經聯想。

什麼是舊的神經聯想？就是你錯誤的情緒模式：做不該做的事情感覺舒服，做該做的事情感覺難受。

比如，搭訕，你去搭訕就感覺難受，不搭訕反而感覺放鬆。

你必須打破這種舊的情緒模式，將其轉變爲——「搭訕就快樂，不搭訕就痛苦」。

4．建立新的神經聯想。

新的神經聯想就是積極正面、幫助你成功的神經聯想。比如：

「我很愛搭訕，她（他）很愛聽我搭訕，這次搭訕後我將獲得許多。」

「我去搭訕就感覺快樂，就感覺自己很強大，就感覺自己正走向成功！」

5．加強神經聯想。

潛意識無法分辨事情是眞是假，只要我們不斷地想像、重複並且相信，我們所希望的事就都會變成事實。

這裡有幾個方法可以幫助你加強正面的神經聯想——

一、**通過反覆學習各種資料達到自我催眠**。包括學習搭訕成功者的搭訕心得，注意觀察搭訕高手的自然、自信的態度，以及觀察被搭訕者的各種表情等。當你完全掌握了別人的實戰經驗後，那麼你的自我調節能力，也會隨之得到提高。

二、**想像成功法**。想像一下自己成爲搭訕高手以後的生活會是什麼樣的呢？那個時候你能認識多少美女（帥哥），你能有什麼樣的女（男）朋友，你會有什麼樣的週末，你會有什麼樣的快樂生活，你的生命會有什麼樣的改變，你的朋友會怎樣羨慕你的好運，你在選擇結婚對象時，會比一般人有怎樣的選擇優勢……

三、建立正面心錨。什麼是心錨？就是某種肉體感覺或動作和某種精神感受的聯繫。排球比賽的時候，隊員會在發球前相互拍掌鼓勁。拍掌這個肢體動作和高昂的鬥志聯繫在一起，這就是心錨。採用心錨的辦法，能讓你在搭訕的時候迅速達到巔峰狀態，比如在每次搭訕前都擊掌一次，或者舉起雙手。只要一做這個動作，你就感覺到內心充滿了自信。

6．測試。

想像現在看到一個美女（帥哥），自己是否還會恐懼。

如果依然有恐懼，就繼續重複上面五個步驟，強化效果。

搭訕前要進行熱身和暖場

任何行為只要不斷重複地加強，它終究會成為一種習慣；任何的行為只要不去加強它，這個行為最後一定會消失。

其實，只要連著搭訕幾個目標，不論男女，都能讓自己變得很熱情，搭訕也就會變得很自然。所以，我們宣導搭訕前要做熱身和暖場。

只要一段時間不去搭訕，我們的搭訕恐懼就會重新抬頭。一天不練手生，一天不唱口生。因此，一定要把搭訕培養成一種習慣。

搭訕是一件很美好的事情，它能讓我們收穫自己想要的很多東西。在搭訕前要先告訴自己：「搭訕很簡單，搭訕的感覺很奇妙，跨越這一步自己就會成功的。」

打跑橫在自己面前的那個「紙老虎」吧！也許有一天你會發現，那只是自己嚇自己的一個想法而已；當你將其驅逐出內心，你想要的就會自動找上門！

搭訕是在爲愛情毛遂自薦

搭訕可以擴展到哪些領域？我們知道，談戀愛需要搭訕，交友需要搭訕，甚至買東西也需要搭訕。

搭訕是愛情上毛遂自薦的第一步，如果想要在愛情獲得成功，就必須邁出這關鍵性的一步。因爲無論是新識還是舊識，都需要靠搭訕來促進相互之間的了解和認識。

愛情是人生中不可缺少的東西。我們知道，在愛情方面，一個人不知要經歷多少次這樣的毛遂自薦，才能得到其心儀的愛人。

在愛情上，當自己的朋友圈中碰不上自己心儀的人時，就有必要考慮在陌生人中選擇一個。結識新朋友其實是件很快樂的事，如果我們想得到一個心儀人士的認可，就要學會搭訕。

要知道，人與人見面的第一印象很重要。陌生人會利用對你的第一印象，評定你這個人是否值得繼續交往。所以，在首次搭訕時，一定要把握好語言分寸。

爲愛情搭訕時，我們應該明白搭訕能帶給我們什麼。愛情搭訕，我們更想要的是一個終身伴侶。很多人覺得搭訕很不自然，這完全是因人而異。

其實，我們的生活裡處處離不開搭訕，能否正視搭訕，一切都取決於自己的想法。只要自己覺得這是天底下最正常的事情，就不會覺得不自然了。

搭訕時使用頻率最高的那句——「你好，我想認識你」，是很多人都耳熟能詳的搭訕專用語。很多人都會將這句話作爲自己的開場白，從而引出主題，可是這句話並不是對所有的搭訕對象都適用。

毛遂自薦的開場白還有很多，有的被搭訕者可能對「你好」這樣的詞語並不感冒，但對幽默的開場白卻相當有興趣。

「三秒鐘法則」也有其局限性。原因很簡單，首先，你確定三秒鐘就能看清對方就是你喜歡的類型嗎？

所以，搭訕前的觀察是很重要的。首先，你要觀察你想搭訕的異性的性格，是不是豪爽、外向？如果是，那麼「你好，我想認識你」這句話肯定適用，豪爽的人不喜歡拐彎抹角，而喜歡有一說一，不喜歡拖泥帶水、曖昧不清。

如果，你要搭訕的是一位心思細膩、內斂的女生，那麼「你好，我想認識你」這句話，絕對可以把她嚇跑，她們心裡可能會這樣想：「難道我碰見神經病了？」、「難道他對我有什麼企圖？」

對於這種女孩，千萬不能急切地毛遂自薦，要慢慢來，先要說話有條理，讓她找不到理由拒絕你，再採取措施讓她慢慢接受你。

搭訕時，一定要根據對方的表情擬定自己毛遂自薦的策略。一般來說，對一個滿臉焦慮的女孩，是不宜搭訕的。另外，臉上有些風霜的女人更甚，男人們可能永遠難以眞正投入到與風霜女子的交談裡。

還有，大家要注意，有些女孩雖然穿得非常性感，說話非常豪爽大氣，可是她們不一定是眞正開朗或者喜歡說話的人。

總之，搭訕，要讓自己搭得舒服，同時也要讓別人被搭得舒服才行。

尼亞性格挺外向的，不僅長得帥，而且有才華。他習慣將自己的優點暴露在與別人第一次接觸的時候。這也是他制勝的法寶。

不久前，尼亞戀愛了，他戀愛的對象竟然是隔壁公司公認的最美的業務員莉麗。大家當然是不會放過這個八卦焦點的，晚上聚餐的時候，在同事們的強烈要求下，尼亞講了他追求美女莉麗的全過程。

莉麗是整棟大樓最有魅力的女人，尼亞對她傾慕已久。一次偶然的出差，尼亞發現莉麗竟然與他在同一列火車上。

他當然不會放棄這個追求美女的機會。於是，他開始試著接觸她。當然，對於莉麗這樣被追求者慣壞了的美女，閒聊搭訕肯定行不通。

尼亞看見莉麗身邊的位置還空著，就主動坐了過去。他並沒有直接和莉麗搭訕，而是和坐在對面的一位男士聊了起來。

他之前打聽到莉麗喜歡小寵物，他便問對面的男士：「請問，您養小動物了嗎？」那位男士一愣，然後笑了一下說：「家裡有一隻小哈士奇，很可愛。」

尼亞笑了一下說：「一看您就是很有愛心哦！哈士奇不錯，挺有靈性的狗狗。」那位男士反問道：「你也養小動物了吧？」尼亞笑笑：「養了好幾隻小狗，實在照顧不過來，最近想送人一隻。」

他問那位男士有沒有興趣收養自己的狗狗，男士說自己是來出差的，家在外地，不方便收養尼亞的狗狗。

這時候，在一旁聽得入神的莉麗問道：「狗狗沒什麼問題吧？怎麼不養了呢？」尼亞說：「我很愛狗狗的，不過家裡太多了，要送出的這只是隻小狗狗，疫苗都打過了，很健康的。」

莉麗有些興奮地問：「那你可以送給我嗎？我特別喜歡小狗，保證會對狗狗好的。」尼亞心裡自然樂開了花，但是依然用一副嚴肅的表情說：「你和我是一個城市嗎？你是做什麼的？」

當莉麗知道他們是在一棟大樓裡上班的時候，也並沒有起疑，畢竟尼亞做得滴水不漏，沒有搭訕的嫌疑。因爲是去一個地方出差，尼亞很巧妙地抓住了這個機會，接著和美女莉麗約好一起回來。最後，尼亞成功地找到了一位美麗的女朋友。

可見，「偶爾」的碰面也是很有力的武器。

其實，尼亞用的也是搭訕的基礎計策之一，從身邊的人下手，然後慢慢接近，最後獲得成功。這樣的方法不會令人尷尬，但是成功率比較低，可是這也無疑是接近一個自己愛慕已久的人的最好方法。

搭訕的方法不少，但是要在適當的時候選擇適當的辦法，其實也是值得我們深入學習和研究的一門學問。搭訕可以讓愛情得到昇華，事業上的毛遂自薦很重要，成功與否也在於這個。

戀愛技巧有很多，現實生活中很多人都害怕自己被搭訕，因爲新聞媒體上不時會報導有女孩子被搭訕者騙財騙色的事。所以，搭訕的時候應該避免給搭訕對象這種印象，不然可能會讓這次的毛遂自薦變得很糟糕哦！

和陌生人交流中的兩個技巧

也許我們從未意識到，在如今的時代，我們的生活、工作、娛樂乃至所有的一切，幾乎都是被從未謀面的陌生人影響甚至支配著。

我們吃的食品是由陌生人加工的，為自己的身體提供能量；我們每天在互聯飆網，搜索著陌生人傳播的資訊。我們身處在一個越來越從傳統熟人社會走向「陌生人社會」的集合體，家庭的小型化、資訊時代的到來，使得社會交往日漸擴大，使得我們的生活和陌生人產生著千絲萬縷的聯繫。

有這樣一個事例。某行業召開一個研討會，開始時氣氛比較融洽，但這一切都被一名專家給攪亂了。這位專家在探討自己涉及的領域時十分激動，滔滔不絕，其他與會者發表意見時，則遭到他的打斷，整個會場只有他一人口若懸河地發表意見，這引起了大家的不滿，研討會在尷尬的氣氛中草草結束。

還有一個故事。一把堅實的大鎖掛在鐵門上，一根鐵杆費了九牛二虎之力，卻無法將大鎖撬開。一個瘦小的鑰匙來了，它鑽進鎖孔，只輕輕一轉，大鎖「啪」地一聲就打開了。鐵杆驚奇地問：「為什麼我費盡力氣也打不開大鎖，而你輕而易舉地就打開了呢？」鑰匙說：「因為我最了解他的心。」

前一則事例告訴我們：做一個好的聆聽者，是成功溝通的前提。那位專家缺乏互動意識，沒有注意傾聽他人的意見，才引起其他人的不滿。

後一個故事則說明：人與人溝通並不難，要看你如何使用既準確又不失巧妙的方式去溝通，要明白對方的心。

因此，當一個人毛遂自薦時，把握方法、注意聆聽是特別重要的，注重表面現象只能讓搭訕垮臺。上述兩點只是在和陌生人交流中的兩個技巧，而將陌生人變為自己的朋友、客户或生意上的夥伴，需要掌握人際交往的心理規則。為了自己的事業和愛情雙豐收，趕快去找準搭訕的方法，毛遂自薦吧！

別再猶豫啦，開始修煉搭訕這門藝術吧

每個人知道的搭訕方式都不少，這些方法對男女大都很管用，但是大多數人卻都仍然猶豫著不敢去運用。那麼，我們要怎麼去突破這一點，勇敢大膽地去使用搭訕這個法寶呢？

對於男人來說，搭訕也是顯示風度的一個時機，學會了搭訕也就學會了怎麼展現自己的風度。男人的搭訕一定不要讓人覺得太隨意，最好要事先做好準備。因爲，搭訕成功並不是那麼容易的。以下是幾種方法——

(1)我們要學著讀懂那個你要搭訕的人的內心，看看什麼搭訕方式最適合對方。最好是一招制勝，不要拖拖拉拉，以免被自己的搭訕語言繞了進去。

(2)要在適當的情況下搭訕。搭訕要分場合，不能隨便搭訕。

(3)要確定搭訕的目的，不然將會越搭越亂，甚至會把搭訕對象嚇跑或氣走了。

(4)搭訕要有分寸，不然會讓搭訕的對象厭惡，以至出現不可挽回的損失。

搭訕可以鍛鍊一個人的溝通能力，磨鍊一個人的自信和修養。搭訕是一門高尚的藝術，蘊含著勇氣和智慧。搭訕可以讓人建立強大的自信心，可以對自身有更清醒的認識，可以改變對這世界的看法，可以讓生活態度更積極，可以讓生活更有熱情，可以拓展自己的交際圈，可以提升自己的交際能力，也可以找到更好的異性伴侶等等。

搭訕也是要通過努力學習才能領悟並掌握的本領。那麼就很有必要談一談跟陌生人說話的技巧，以及開口應該說什麼、怎麼說。下面分享一些別人的經驗，相信會對我們有所啟發。

1．開始搭訕：自信＋探索精神。

當我們決定開始搭訕的時候，應該做什麼樣的心理準備呢？

其實，任何一個對搭訕沒有偏見卻邁不開步子的人的最大問題就是心理壓力，而心理壓力則源於自己的自卑，老是覺得自己沒有魅力，不能夠吸引別人。

如果這種心態不改變，就很難發揮出好的搭訕水準。所以，搭訕的首要心理準備就是自信。只有自信，你才能夠瀟灑大方！只有自信，你才能夠有魅力！

有了自信，只是具備了搭訕的心理基礎，那麼搭訕的動力從何而來呢？這裡指的是維持搭訕的持久動力。事業和愛情的成功是後話，對於初學搭訕的人來說，那太遙遠。動力其實只能有一個，那就是探索精神。

任何一個有志於學習搭訕的人，不能沒有探索精神，也都應該有一種強烈的欲望。這個欲望就是探索搭訕規律的欲望，探索說話方法的欲望，探索人際交往規律的欲望。

由此可見，探索精神是初學搭訕者的唯一動力，因爲只有在游泳池中才能探索出游泳的規律，只有在搭訕場上，才能探索出搭訕的規律。

2．搭訕前提：對選中目標充滿歉意。

熱中於與異性搭訕，是不是僅僅出於性的吸引呢？絕對不是。要與異性進行搭訕，內心就應該存有對異性的尊敬。

從表面上看，當我們進行搭訕活動的時候，只是把異性當做一個工具，或者說媒介，用以達成自己的搭訕目的，每位異性都只是一個過程。

但實質上並不是這樣的。每個人的一生都在學習，在學習的每一個過程中，都要有學習的工具。而在與陌生異性進行搭訕的過程中，陌生異性就是我們學習搭訕的工具。

所以，我們應該對被我們選中的目標從內心深處充滿歉意，即使被人拒絕，也要保持心理平衡。如果人家願意跟我們繼續交往，那麼今後更要以誠相待。

3．搭訕心理：用無害的方式跟陌生人說話。

在保守人士的心態中，搭訕還不是被廣泛認可的一種行爲。所以我們就要駁斥一些觀點，向世人表明搭訕是健康的行爲，是正確的。

在一個地方適合做的事，在另一個地方不一定適合做，至於是否符合道德，不在於這件事，而在於做這件事的場合。

同樣，在公共場合，兩個陌生人交談、結識、互留電話，很可能是後工業文明人類一種新的交際方式，並不意味著雙方有什麼淵源或企圖。

從心理學角度來講，搭訕對社會無害，對雙方也無害，甚至很多時候它給搭訕雙方都帶來了快樂。可以說，搭訕是一種健康的社會行爲。

搭訕其實是在認識自己，因爲在與陌生人進行交談的過程中，你的一言一行都會被對方注意到，這時你的行爲是否符合大眾審美和道德，很容易就能夠看出來。你接觸的搭訕對象越多，你得出的結論就越接近事實。

4．搭訕行動：隱祕進行。

搭訕是一種正當的行爲，但是你身邊的一些朋友，特別是女性朋友，可能會對你的搭訕行動，很不以爲然，甚至極力反對。所以，對於自己的搭訕行爲要隱祕，因爲隱祕比解釋要省事得多，這樣可以省去很多精力，省去很多麻煩。

另外，在搭訕過程中，要注意思維方式的創新，不要遇到一點小挫折就一蹶不振，或者支支吾吾地不知道該怎麼解決。

別把搭訕搞得像「答記者問」，否則最後當你要電話時對方要麼不給，要麼就給個假的號碼。事實上，在我們的生活中，對搭訕反感的人不在少數。當被索要電話時，他們通常會有以下幾種方式來做出回應——

(1) **暗中欺騙**：泰然自若地報出自己的電話，把尾數改掉一兩位。

(2)直接拒絕：「不好意思，我對你不感興趣。」

(3)故意做假：「不好意思，我一直沒使用手機……」總之，她（他）就是要假裝讓你知道她（他）就是不想搭理你。

(4)尋求退路：「我正要換手機號了，把你電話給我，等換了告訴你吧！」

(5)雙重欺騙：平時熟記一些假號。當有人問起來，自己又不想理對方時，就隨便報一個給對方，順便告訴對方，自己的手機沒電了，等回去再跟他（她）聯繫。

對於這些人，我們是無法一下子就判斷出來的，所以在搭訕的時候重要的是懷著一顆眞誠的心。你的眞誠如果能打動對方或者給對方一個良好的印象，對方很可能就會把聯繫方式留給你。不管怎麼說，你的心靈一定要眞誠，眞誠是你的終極硬體。

和異性交往是人生重要的一課，但我們都沒有好好學過，我們多數人只是簡單地把在家中學到的模式，拿到外面套用而已，方法、理論和技巧，乃至心靈，經常是非常粗糙的。而經常與朋友探討與人交流的技巧，則一切經驗就會漸漸變得更具有普適性，更具有生命力。

通過以上的分析，我們可以看出與陌生人搭訕的門道，一切就在不經意之間，一切也都在預料之中。只要你眞正地掌握到了搭訕的技巧，並積極加以運用，那就一定能夠打開搭訕的閘門。

開啓人際關係的鑰匙

通常人們内心都不反感陌生人的搭訕（除非對方太唐突了），因為他們的潛意識裡會認為這是自己有魅力的證明，能夠滿足其虛榮心並增強其自信心，能夠給他們增加更多帶給其自豪感的經歷。

搭訕是一門學問，想將這門學問學到手的人不計其數，我們必須對搭訕有一個正確的認識，只有這樣才能端正我們學習搭訕的態度，並且最終見到明顯的成效。

搭訕的最終目的是為了找到終生的伴侶和促進事業的成功。人活在世上，必須活得快樂，而要活得快樂，就必須有一個終生的伴侶。

而我們平時在周圍的工作生活中，所認識的異性總是有限的，那麼有沒有更寬闊的認識管道呢？有！那就是搭訕！只有去搭訕，你才能認識各種各樣的人，認識各種各樣的人以後，你的選擇範圍就會大大地擴展。

現代社會，不會搭訕，就會失去開啓人際關係之門的鑰匙，而沒有人際關係，自己的事業生活也是脆弱的。

所以，搭訕能成就一個人；反之，不會搭訕會挫傷一個人！我們都有想認識陌生人的欲望，不要克制這種欲望，想要成功就要付出努力！在你猶豫不決的時候，好的機遇也就隨之溜走了。

所以，別再猶豫了，馬上去開始修煉搭訕這門藝術吧！

第2章

搭訕是最好的黃金說話術

搭訕築基，讓陌生人相見恨晚的「五部曲」

我們每天都在接觸不同的陌生人，可是誰又知道怎麼接觸陌生人呢？怎樣才能讓陌生人對自己印象深刻呢？其實有關這個問題的方法有很多，需要注意的要點也有很多。

搭訕之前都要有一個前奏，然後引出自己的搭訕內容。當然，任何搭訕都不能說搭便搭，要知道，準備工作比什麼都重要。我們可以將搭訕看作一幢大廈，堅實的地基必不可少，有了堅實的地基，築起的感情大廈才會堅不可摧。

與陌生人相見時，陌生感很強烈，因為沒有交流過，所以，怎麼讓陌生人對自己產生相見恨晚的感覺，就成了關鍵問題。首先，從基本做起，陌生人會對我們產生好感。與陌生人交談時，最好的辦法是從一個話題到另一個話題地試著說，如果某個題目不行，再試下一個。當講述你曾經做過的事情或想過的事情，以及喜歡園藝、計畫旅行，或其他話題時，勝算是相當大的。

當你在聚會上發現坐在你身邊的是一個陌生人時，在開始「釣魚」之前應該先介紹一下自己。如果女主人已經告訴你一些關於對方的資訊，你可以說：「恭喜你的女兒在上星期的鋼琴決賽中獲勝了，那一定是一場精彩的比賽。」這樣會讓陌生人對我們產生一定的好感。

其次，對於自己的言行要有一定的要求，針對陌生人，要投其所好，進而得到自己真正意義上的成功。如果你對對方一點都不了解，你可以說：「您是住在這個城市，還是遠道而來的客人呢？」從他的回答中，你可以開始考慮自己要與對方討論的話題。對方可能會問你住在哪、從事什麼職業等。這些問題非常簡單，但注意要給對方說話的機會，不要自己一個人喋喋不休地談論自己的想法。

另一個重要的開場白是徵求建議。例如，你可以問一個熱心的園藝家：「我想把花園中的一年生植物改種多年生的，您不妨給點兒建議，種什麼好呢？」或你遇到一個坐辦公室的人，你可以問：「我想買一部新的電腦，您有什麼好的推薦嗎？」如果對方沒有反應，可以直接問其觀點。比如政治、體育、股市、時尚和當地新聞，這些都是很穩妥的，但不能是已經問過的，或會使對方激烈地反對或引起爭論的話題。

在餐桌上，能夠提供良好開端的話題，是有關食品或者酒類，「您那麼忙，平常你有時間自己做飯嗎？」這樣的話題，就能輕而易舉地將對方帶進你的生活，讓對方覺得你是個可以親近的人。

與陌生人談話是口語交際中的一大難關。處理得好，可以一見如故，相見恨晚；處理得不好，有可能造成四目相對，局促無言，或者直接垮臺走人。

那麼，怎樣才能找到自己同陌生人之間的共同點呢？

1．要懂得察言觀色，找準交流的切入點

一個人的心理狀態、精神追求、生活愛好等，都會或多或少地在其表情、服飾、談吐、舉止等方面有所表現，只要你善於觀察，就會發現你們的共同點。

一個退伍軍人乘車時同一個陌生人相遇，他們的位置正好在駕駛員的後面。上路後不久，汽車就拋錨了，駕駛員上車下車地忙了一通還沒有修好。

這位陌生人建議駕駛員把油路再查一遍，駕駛員將信將疑地去查了一遍，果然找到了病因。這位退伍軍人覺得這位陌生人的這一絕活，可能是從部隊學來的，於是就試探地問道：「你在部隊待過吧？」「嗯，待了六、七年。」「噢，看來咱倆還應算是戰友呢！你當兵時部隊在哪裡？」……

於是，這兩個陌生人就談了起來，據說後來他們還成了朋友。

這就是退伍軍人觀察對方以後，發現他們都有當過兵這個共同點。當然，通過察言觀色發現的東西，還要同自己的興趣愛好相結合，這樣打破沉寂的氣氛才有可能。否則，即使可能發現了你們之間的共同點，你也會無話可講，或講一兩句就「卡殼」。

2．以簡單問話試探，找出共同點

兩個陌生人對峙，爲了打破這沉默的局面，開口講話是首要的。有人以招呼開場，詢問對方籍貫、身分，從中獲取資訊；有人通過聽對方說話口音、言辭，了解對方情況；有人以動作開場，邊幫對方做某些急需幫助的事，邊用話試探；有人甚至借火吸煙，也可以發現對方的特點，打開口語交際的局面。

兩個年輕人在長途大巴上，坐在緊鄰的座位上。

其中一人問對方：「在什麼地方下車？」「到台南，你呢？」「我也是，你到台南什麼地方？」「我到中山路去找個朋友，你是本地人嗎？」「不是的，我是到台南來開會的。」

經過雙方的「火力偵察」，雙方都不是本地人，到這裡只是短暫停留一、兩天，然後都一樣要回台北。兩個人發現他們有共同點後談得很投機，下車後還互相留了名片以後就變成朋友了。

這種融洽的程度看上去是偶然的，實際上也是有其必然因素的，即通過「火力偵察」，發現雙方的共同點。

3．聽人介紹，揣度共同點

你去朋友家串門，遇到有生人在，作爲對兩人都很熟悉的主人，他會馬上出面爲雙方介紹，說明雙方與主人的關係、雙方各自的身分，以及他們各自的工作單位，甚至包括他們的個性特點、愛好，等等。細心的人會從介紹中馬上發現到對方與自己到底有什麼共同之處。

兩人在一個朋友家見面了，他們一位是民政科的科長，一位是中學的教師。主人把這兩位彼此陌生的客人做了介紹，他們馬上發現自己都是主人的小學同學這個共同點，於是便圍繞「同學」這個突破口進行交談，相互認識和了解，很快就變得熟悉了。

這當中重要的是你在聽介紹時要仔細地分析，發現兩人的共同點後再在交談中延伸，不斷地發現新的共同關心的話題。

4．揣摩談話，探索共同點

爲了發現陌生人和自己的共同點，可以在對方同別人談話時留心分析、揣摩，也可以在對方和自己交談時，揣摩對方的話語，從中發現共同點。

在某百貨公司裡，一位中年婦人對店員說：「請你把那個東西拿給我看看。」這句話帶有濃濃的鹿港腔。

這時，正好另一位女顧客也是鹿港人，她聽了之前那位婦人的這句話，也用手指著貨架上的某一商品，並對店員說了一句相同的話。

滲透著鄉音的兩句話，使這兩位陌生人相視一笑。她們買完東西，出了店門後，就一起談了起來。後來還介紹了自己的兒女彼此認識，成了親家……

兩個同樣來自中部海邊，不知情的人怎麼也不會相信是因爲揣摩對方的一句家鄉話而彼此熟識的。可見，細心揣摩對方的談話，確實可以幫你找出雙方的共同點，使陌生的路人熟識起來，甚至可以發展成爲朋友。

5. 步步深入，挖掘共同點

發現雙方的共同點是不太難的，但這只能是談話的初級階段所需要的。隨著交談內容的深入，共同點會越來越多。爲了使交談更有益於對方，必須一步步地挖掘深一層的共同點，才能如願以償。

兩個人應一個共同的朋友邀請，去他家聚餐。他們一個是正過假期的大學生，另一位則是在法院工作的先生。

經主人介紹認識後，他們二人攀談起來，慢慢地二人都發現對社會上一些不正之風的看法有共同點，不知不覺地展開了討論。

他們從令人憎惡的不良社會現象，談到其產生的土壤和根源，從民主與法制的作用，談到對政府和國家的期望。越談越深入，越談感覺雙方距離越近，越談發現雙方的共同點越多。

尋找共同點的方法還有很多，譬如面臨的共同的生活環境、共同的工作任務、共同的行路方向、共同的生活習慣等，只要仔細挖掘，合理應用，陌生人之間無話可講的局面，是不難打破的。而在這個過程之中，也會交到一些新朋友。

陌生人見面後可能遇到的問題

1．跟你很疏遠，不夠大方

每個人都很想擁有一個圓滿的人際關係，很想跟陌生人建立起一個好的接觸點。不要總認為主動去跟人家搭訕，讓你很沒面子，你可能自認為有很大的人格魅力，但這只是你的個人期待，別人的感受可能和你不一樣。

因此，一遇到陌生人疏遠你的情形，你就可能會對其產生反感。不過，你的這種主觀期待很容易得罪人，經常會因此而樹敵。所以，你不妨反省一下，是否又得罪人了。

2．主動靠近你，拍你的肩膀，跟你稱兄道弟

自我保護心理較強的人，對於陌生人會不自覺地想要保持距離，並且會下意識地拒

絕別人侵入私人領域，尤其是不經過其同意就觸摸其身體。

因此，這種人可能會對對方產生反感，下意識地認為對方不尊重其想法和觀念，在其心目中會很自然地把對方列為不同類的人。

對自我保護心理較強的你來說，有時候不要反應太強烈，也許人家並不是懷有惡意的，只是個性比較大方、粗魯罷了！

3．搶著講話，油腔滑調，把你當聽衆

你可能很討厭當聽衆，不喜歡在人際互動中處於被動狀態。不過，在人際心理學中，一個人說話的主動權，暗示著這個人的氣勢強弱。

如果一個人一見面就絮絮叨叨地說話，把你當啞巴聽衆，當情緒發洩工具，或者是想一開始就把你壓得死死的，讓你知道厲害，你很可能對這種人特別反感。因為你不想在氣勢上被人壓倒，也不希望別人不尊重你的發言權。

所以，你的敵人很可能就是這些演講狂的人，或者是不讓你發表意見的人。尤其是那種油腔滑調的人，更讓你覺得對方不可靠，以後再見面，你可能不會給他好臉色看，於是你的敵人又增加了一個。

4．不停地問你個人的問題，像身家調查一樣

你可能是一個稍微自我封閉，想保留多一點隱私的人。於是面對這種想控制他人的人，你會覺得壓力很大。這種人其實只是想進一步認識你，想在很短的時間內，對你有更深入的了解。

談到相見恨晚，就不得不說到人際關係，一個好的人際關係，能使你更加容易親近別人。

搭訕規則與發展趨勢

搭訕行為歷史悠久，很多的學者和知名人士都曾度過一段搭訕歲月。另外，搭訕在一般人群中也是個普遍存在的事情。不會搭訕，就等於在現代社會沒有結識陌生人的本事。那麼，在這個人際關係多元化的社會裡，該怎麼立足呢？

互聯網（網際網路）和手機的普及，都是十餘年間的事。如果是以前，一個年輕人在大街上看上一個美女，頂多也只會過去說：「嘿，我想認識你好嗎？明天下午3點，我在豪華戲院等你，請你看電影，不見不散。」那個時候沒有LINE或手機發簡訊，成不成功是一錘子買賣，有時候搭訕者話沒說完，被搭訕的人就已經跑得沒影了。

上面這個段子是一位大叔講的，現在他已是年近五十的人了，可見起碼三十年前，搭訕就已經運用到了日常生活中，是那個年代認識陌生人的手段。現在又流行起了什麼「網搭」、「街搭」、「暗號搭」，可見搭訕發展之快。

在幾十年前，搭訕不叫搭訕，北京土話叫「刺蜜」、「碰瓷」。其實，這兩個詞用在搭訕上都不夠優雅，一點兒也反映不出搭訕行爲的美好本質。

不過，當時肯定也有不少美好的搭訕例子，就像《陽光燦爛的日子》裡的夏雨認識寧靜一樣，因爲搭訕所以碰撞出了火花。那個年代更多的時候是不浪漫的，當時中國女性的理想男人是高倉健。這種男人的特點就是「悶」，但當時叫「深沉」。那會兒還沒有「假深沉」這個詞，凡是跟深沉沾邊的男人就受青睞，弄得有些說話結巴的高個兒男人都成了女人的搶手貨，所以那些所謂深沉的男人就氾濫了。

深沉的男人是絕對不會在大街上跟女人搭訕的，當時國產電影裡男女主角邂逅基本上都是英雄救美，然後英雄扭頭就走，什麼都不說，都是美女死命追上來問名字，那些男人才故做深沉地做些正面回答。要是這種情況放到現在，誰理你啊！

事實上，搭訕是城市文明發展到一定階段的產物，也是必不可少的人際催化劑。想一想，你可能生活在一個擁有幾百萬人口的城市，每年能跟成千上萬的年輕異性擦身而過，就算是古代的帝王也沒這福氣，你不上前搭訕豈不是浪費資源？但是，越是脫離了圈子的社交，其實越需要對個人空間的尊重。

搭訕行為跨越的是社群關係的阻隔，但它並不是一切社交的約束。現在搭訕備受追捧，當然我們也能看出搭訕正處於高速發展的狀態。社群的人生如同火車、飛機的交通，我們被分配在火車的一節節車廂內、飛機的鄰近座位上，而搭訕卻是我們自己在當駕駛。既然做了司機，當然需要懂得交通規則，否則生命前途將會受到影響。

依照當今社會的發展狀況來看，搭訕的發展只可能進步，不可能後退。我們都在不同程度上尋找搭訕的契機。說實話，搭訕的成敗是由我們自己來決定的。想讓自己成功，搭訕就一定是必不可少的。

事實證明，在生活中，我們越來越需要那些所謂的陌生人。當然，我們不可能跟遇見的陌生人都熟悉起來，甚至成為朋友。但是要知道，我們可以利用高效率的搭訕方法來結識儘量多的陌生人，讓他們給力我們的生活和事業。

很多男士錯過了自己心儀的女孩，90％以上的情況是這樣的：她突然出現了，你來不及想任何接近理由，稍一猶豫，她已轉瞬不見蹤影……可見美女是不會停下來等你去追的，作爲男士，應該明白這個道理。所以，搭訕要抓緊，不要等到七老八十了再爲當初沒有抓住哪個女孩子，而懊悔不已！

爲了不讓緣分擦肩而過，那麼嘗試一下又如何？以下幾條建議適用於這些緊急情況下的搭訕。

1．表明來意。

「我是想來認識你的。」直接的表白是最好的開場。只有當美眉確定你不是騙子、推銷的、拉客的、做調查的，不像是一個壞人，而是大大方方來交朋友的，她才會熱心地和你聊一聊。

2．搭訕的主觀意識很重要。

有些女孩並不會在意你是怎樣接近她們的，她們在意的是你與她搭訕的目的，以及你是否是一個值得信任的人。這個時候，你要表達一下她第一眼帶給你的感受，解釋一下——「我爲什麼想認識你」。

如果你想去搭訕一個女孩，她必然有你想認識她的地方。儘量不用「漂亮」、「有氣質」等老套的詞語，但是可以穿插著來。你可以說：「你的出現令我眼前一亮」，「不過來和你認識一下，我今天回去一定會後悔的」，以表達自己的具體感受。

每一個女孩子都希望她是獨特的，能被懂得欣賞她的人搭訕，這樣她是很開心的，同時也是給她一個和你聊下去的理由。但是不要說得很浮誇，例如，本來長得很「低調」的一般般女人，如果你誇讚她：「你好美哦！簡直讓我眼前一亮！」那麼，我敢保證，你被賞個「白眼」的可能性，肯定高於搭訕成功的可能性。因此，搭訕的好話，絕對不能「睜眼說瞎話」！

3．要將選擇權留給她。

她可能有事情急著去做。這時你可以問她急還是不急，如果她急著有事，可不可以留下號碼，改天再聊；如果她不急，就慢慢地邊走邊聊。一個彬彬有禮的搭訕者，美眉一般也是不忍心拒絕的。

4．向對方發問前，請先介紹你自己。

先打開自己，才能打開話題，接著打開對方的心扉。很多搭訕初學者會變成「查戶口」的討厭鬼，老是一直在問對方問題，例如：「你叫什麼名字？」、「你做什麼工作？」、「你來這裡做什麼？」等等，這是很不禮貌的。

不是不可以問，但問每個問題之前，請先說出「我叫……」「我是做……」「我來這裡……」只要說得有趣一點，就可以聊開了。先表達自己，再拋給對方，這才是一個彬彬有禮的搭訕者。

5．如果聊得好，可先發出簡短的邀約。

比如，你可以先邀請對方坐下來喝杯飲料。只要聊得好，而她又還有時間，喝飲料可以變成吃飯、看電影……

你可以一直進階邀約，直到她表示不方便，再適可而止。電話號碼並不是搭訕的首要目的，搭訕的目的在於雙方之間能夠愉快地溝通和交流。

6．該搭則搭，不要變成跟蹤。

有些搭訕者因爲下不了決心搭訕，就先一直跟著對方，他以爲自己的跟蹤技巧很好，其實女孩早就發現了。而在他被女孩發現又沒有出手的這段時間裡，他就被先入爲主地劃到那些無聊的跟蹤者行列裡去了。這樣，結局只能是，等到他終於鼓起勇氣開口，話沒說完就被拒絕了。

7．要保持自己的著裝整潔。

曾經有一個美眉講述一個搭訕者：那人說話很客氣，文質彬彬的，但是他的鞋子上黏滿了泥土，西裝上還黏著一滴番茄醬，讓我極度鬱悶，恨不得馬上逃開。

所以，在你打算上前搭訕的時候，就要整理好自身的著裝，不要讓自己的邋遢誤了事。這也是在任何社交場合都需要注重的。

如何「開啓」搭訕的目標

採取行動是你唯一的選擇，可什麼樣的行動才合適呢？

坐在一旁，直勾勾地盯著她，試圖引起她的注意，讓她主動走過來和你搭訕？不能說這樣勇敢的女孩不多，實在是能讓女孩如此勇敢的男人太少了。

請她喝飲料？你肯定不會是唯一為她買飲料的男人，結果往往是，飲料人家碰都不碰就走掉了。毫無創意的點子，都被人用爛了。

——上述兩種方案似乎都是死胡同，那該如何是好呢？

辦法只有一個：「開啓」搭訕的目標。兩個陌生人，在沒有任何交流之前，是相互封閉的。只有當你走上前去，經由合適的途徑，和她產生交流，把她封閉的外殼打開，你才可能和對方有進一步的發展。

不論是以前的「套詞」，還是現在的「搭訕」，我們要面臨的問題都是一樣的，要不失風度地和那個美眉搭訕，又要不讓對方懷疑自己的動機。這雖然不容易，可是只要是誠心與對方結識，一切都會迎刃而解。

如果某個女人讓你動了心，而你卻沒有勇氣上前想方設法「開啓」她，那麼，機不可失，一旦錯失將不再來。或許，你連再次見到她的機會都可能不會再有了，更不要說進一步交往了。

如果你行動了，並且方法得當，那就是另外一種結果了。你和她發展成普通朋友、戀人，或者是愛人的機率，就會大大增加了。

有時，你要反其道而行之，對那些自己傾心的女人，保持適當的「冷落」，至少要既不奉承也不貶損，用平和的語言去搭訕。此時，聰明的女人會懷疑你的動機，但她又不能完全肯定，對方對你的好奇，就會增加了你勝算的機會。

不過，這樣做也是有風險的，你必須要投入誠意，並且努力行動起來。否則，你的乏味和不溫不火，會讓對方失去興趣（因為人家根本感覺不到）。所以，火候的掌握和搭訕的技巧，是不能被忽視的。

提升自信的方法

在充滿競爭的社會裡，自信是最重要的生存法寶之一。在面對某個搭訕機遇和某次展示自己機會的時候，你有沒有主動向前去抓住它呢？

不要逃避，也不要不敢面對搭訕中的失敗，更不要說自己不行。只有弱小的自卑者才會盯著自己的失敗和缺點不放手，甚至他們會逃避現實，不敢自我肯定。有句話說得很好：「現實中的恐懼，遠比不上想像中的恐懼那麼可怕。」

勇敢面對挑戰，鼓起勇氣多搭訕幾次，你的自信心就會慢慢地高漲起來。自信不是瀟灑的外表，但自信會帶給你外表的瀟灑。自信會讓你認清自己所扮演的人生角色，認識到自己在哪些方面有足夠的能力和潛力，從而給你足夠自信的籌碼。自信是對一個人另一種方式的欣賞，有自信的人天生透露傲氣，而那些沒自信的人，想必我們都很清楚，就像戰敗的公雞一樣，提不起鬥志。

一個人如果能把自己的想法或願望清晰、明白地表達出來，那麼，他一定擁有明確的目標和堅定的信心，同時他充滿信心的話語也會感染對方，吸引對方的注意力，直到人們相信，他的自信對他人有著巨大的幫助。

讓一個人「充滿自信的方法」有哪些呢？主要有以下幾個——

(1)在平時說話的時候儘量把聲調放低，這樣聽起來平穩、和諧，也更顯得魅力十足。不要匆匆忙忙、語調特別尖細地說話，這樣的男人通常是會惹得女人討厭的。因爲他們的慌張使他們沒有了正常說話的語調。

(2)運用腹腔呼吸，不要用胸腔來呼吸，這樣聲音才會有力。有些人說話很奇怪，前半句很有力的，越往後說越沒有聲音。這樣的狀況，我們可以稱它爲——「間接性失語症」。它是沒自信最突出的一個表現。

(3)說話時配合一些適當的（並不誇張的）手勢，眼睛看著對方，並且面帶微笑，這樣可以增強語言的感染力。

在各種聚會或者聯誼活動中，你是選擇坐在前排還是選擇坐在後排？大多數願意往後坐的人，希望自己不會「太顯眼」，否則被注意或點名的機會就會增加，其實深層原因就是缺乏信心。其實，坐在前面能夠建立信心。把它當做一個規則試試看，從現在開始就儘量往前坐。當然，坐前面會比較顯眼，但要記住，有關成功的事物多是顯眼的。

現在很多的人都是在沒自信的狀態下生存，所以，不願與人對視就成了大家慣用的逃避對方視線的方法。不正視別人通常意味著：在你旁邊我感到很自卑；我感到不如你；我怕你。躲避別人的眼神意味著：我有罪惡感；我做了或想了什麼我不希望你知道的事；我怕一接觸你的眼神，你就會看穿我。這都是一些不好的資訊。就用簡單的話來說，你不用眼睛看別人，別人會覺得你很沒有禮貌，並且有自私的傾向。

正視別人則等於告訴他：我很誠實，而且光明正大。我相信我告訴你的話是眞的，毫不心虛。要讓你的眼睛爲你工作，就是要讓你的眼神專注別人，這不但能給你信心，也能爲你贏得別人的信任。

也許在你低頭的時候，心儀的對象正在看著你，她也許和你有著一樣的心情呢！這也不是沒有可能的！

在聚會的時候，我們常常會看到有些人熱火朝天地討論，而有些人則默默地擺弄著手機，這就是兩個極端。那些討論的人往往能帶起周圍的氣氛，或者將身邊的美女拉入自己的圈子。這樣的話就證明了你很在意自己身邊的人是否快樂，所以對方會更樂意與你交談，你搭訕成功的希望又增加了一倍。

有很多思維敏銳、天資高的人，卻無法發揮他們的長處參與討論。並不是他們不想參與，而只是因爲他們缺少信心。可見，就算天資再高，事業上再有成就的人，也難免會有自信心不足的時候。

在討論中沉默寡言的人大都認爲：我的意見可能沒有價值，如果說出來，別人可能會覺得很愚蠢，最好什麼也不說，我並不想讓他們知道我是這麼無知。然後給自己找一個看似說得過去的理由：等下一次再發言。可是當這些沉默寡言的人不發言時，他們就會愈來愈喪失自信。從積極的角度來看，如果儘量發言，就會增加信心，下次發言也更容易，良性循環也就自然而然地形成了。

所以，無論是參加什麼性質的會議，最好每次都要主動發言，評論、建議或提問都可以，不要等到最後才發言。不要擔心你會顯得很愚蠢，因爲總會有人同意你的見解。當然有一種情況例外：沒有經過任何思考就發表你的見解。其實，只要經過深思熟慮，發表的意見大多都是有價值的。

那麼，該怎麼提升自信呢？當你感到不自信、不確定自己是否能夠完成某項任務時，將所要達到的預期目標寫出來，更容易持之以恆。找一個信任的朋友分享一下自己的計畫，那麼成功的可能性會大大增加。你還可以把積極的暗示滲透到日常生活中，比如把自我評價編成自己電腦的密碼，每使用一次電腦，就提醒自己一次。這就是心理學上所謂的「**積極的自我評價**」。

(1)模糊負面記憶，強化正面記憶，也能有效提升自信水準。你可以想像自己有一台老式黑白電視機，上面正播放你記憶中的消極畫面，這些畫面逐漸變得模糊不清。然後想像你坐在影院裡看立體電影，上面正展現你積極正面的形象，這些畫面變得清晰、明亮。遇到威脅你的人，抽出一分鐘，想像他穿著破衣爛衫、動作滑稽的樣子讓你發笑，你就不會那麼懼怕他了。

(2)將展現個人自信的照片（獲獎或微笑的照片）蒐集在一起。每當感到不自信時，翻一下這些照片，自信就能得到改善。同樣的方法是聽音樂，挑選一些自信時愛聽的音樂，重聽會喚回你的自信記憶。

(3)肢體語言是自信水準的指示燈。首先要張開雙臂，雙臂緊抱是下意識地防禦別人，張開則是放鬆和開放的象徵；其次是微笑，它造就一副放鬆和自信的形象；最後頭要高高昂起，低著頭是不自信和自我懷疑的表現。

自信的握手方法應該是：手垂直完整地握住對方，但切不可太用力；確保手掌乾燥，以中等速度的頻率搖三下，不超過2～3秒；握手的過程中伴以眼神的交流、親切的微笑，和適當的招呼用語。注意這些細節，會給對方留下自信的印象。

自信心是一個人心理狀況的體現，有自信的人一般都趾高氣揚，而沒有自信的人都低聲下氣。所以，這裡要明確一個問題，生活裡人人都是平等的，你不比別人缺什麼，那麼何必弄得自己低人一等呢？自信地抬頭走出去吧！別再用那種委靡不振的狀態面對生活了，你要告訴你自己：我是個強者，我有足夠的信心戰勝其他的搭訕對手。

等到你眞正意識到自己比其他搭訕對手都強大的時候，相信你已經成功搭上一個嬌媚的女孩子了，接下來就享受幸福生活吧！

有效說話需謹言慎行

男人和女人搭訕時最常犯的一個錯誤，就是不了解女人對於安全感的本能需求。女人畢竟不像男人一樣有強壯的體魄，因此當她們和陌生的男人聊天時，通常會置身於「容易受傷」的處境。所以，她們會自然而然地構建起一個「保護層」來防禦可能遇到的傷害。

很多人以爲搭訕就是隨便說說就行，其實不然。搭訕是一個很注重語言的活動。很多人不知道搭訕在某種程度上其實也是衡量一個人的標準，給陌生人的第一印象有時比日常培養更重要。

對於搭訕，我們要記住以下這些問題。首先不要從背後去跟陌生女孩子搭訕，跟陌生女孩搭訕要光明磊落，背後的搭訕往往會讓別人覺得沒有安全感。有時候安全感的建立很難，可是要打破卻很容易。另外，長時間近距離的跟蹤，也是很白目的行爲，搞不好人家報警，把你當成變態或者是色狼，那接下來，你可能就會被出現的員警帶回去解釋一番了。

大家都知道「尾隨」，無論是什麼原因，總歸是不好的，這個行爲的弊端極大。如果眞的想要搭訕一個人又沒有時機的話，就儘量離其遠一些，然後找到最近的對你比較有利的地方，不要猶豫，直接搭訕。

很多人喜歡在搭訕的時候攔住對方。當然你心理上會覺得，你現在很安全，獵物被你攔下來，不會逃跑了。可是對方會覺得，他攔我做什麼？難道有什麼不良企圖？關於這個問題，我們可以看下面這個例子。

新學期開學，作爲學長的阿茂來迎接新生，新生中有個女孩特別出眾，但是阿茂並沒有在當時抓住接近她的機會。

第二天，阿茂在校外看見了那個女孩。女孩自己去買東西，可能是剛從寢室出來，穿著雙拖鞋。於是，阿茂就摩拳擦掌準備去搭訕。可是，他畢竟不是搭訕熟手，以至於猶豫了半天也不敢走上前去。

眼看女孩就要離開了，阿茂心一橫，擋在了女孩面前。那女孩先是一愣，然後結結巴巴地問：「你……你……你要幹什麼？」

阿茂一聽，八成是把自己當成壞人了，於是趕忙解釋。可是，因爲心理緊張，他說話竟然結巴了起來，聲音顫抖地說：「我……你……」

女孩嚇得把剛買的東西都扔給了阿茂，然後撒腿就跑。阿茂愣愣地站在路邊，過了幾分鐘才緩過勁來，開始往前追，只撿到了女孩的拖鞋……

所以，搭訕要注意言行，千萬不能讓自己背上一個壞名聲。

有些新手搭訕的時候存在這樣一個問題——在對方表示沒興趣之後還要不要繼續搭。其實，我們不妨將這個與推銷員做個比較，我們總是能收到這樣那樣的廣告宣傳。

有個人就曾在部落格上寫過這樣一個事情。

我接到一個電話，是推銷營養品的，我很明確地謝絕了他。可是，電話那頭的推銷員很有韌性，依然繼續說道：「我們的營養品是最好的，你要買的話聯繫我，我給你打個折！」

本以爲這回眞要結束了，我就說：「謝謝，我要是有需要再聯繫你！」誰知那邊依然沒斷：「好的好的，我們的營養品是市面上最好的，裡面含有多種不同的營養成分。」

等他把成分講完，我依然禮貌地拒絕了他：「好的，謝謝！不過我這邊現在很忙，有時間肯定光顧！」

本以爲這回他該聽明白了，結果他又繼續說：「您能抽一點時間，讓我幫您做個健康調查嗎？請問，您平時都吃什麼營養品？」

我很無語，於是接著說：「對不起，我實在是沒有時間。」那邊用誠懇的語氣說：「就幾分鐘時間。」

這一次，逼得我不得不狠狠地掛掉了電話。

由上述故事可見，在與人搭訕時，千萬要關注搭訕對象的態度。如果對方表明了沒有興趣，最好直接換話題。不然，被拒絕是小事，惹人厭煩才是大事。

要時刻對搭訕對象保持微笑，很多人搭訕的時候都是在最緊張的階段，所以別說微笑了，能有表情就很不錯了。微笑時友善的氣氛會感染對方，所以要是想搭訕成功，就多多微笑吧！

你可以在搭訕之前遠距離地觀察對方，但是搭訕的時候就不要繼續了。因爲，你由上到下地打量對方通常會給人造成心理負擔，並且會讓對方覺得你很輕浮。搭訕是不能大意的，你上的是搭訕的戰場，不容許你在戰場上還有準備的過程。

搭訕的時候請儘量放平心態，不要太過於暴露自己的意圖。另外，很多人說話喜歡觸碰別人，其實這是個很不好的現象，因爲過度的身體接觸會損傷自己的形象，讓別人以爲你有不良的企圖。

形象是一個人最外在的表現，我們通常將形象與一個人的品質掛鉤。因此，形象對於任何人來說都是很重要的。那些注意形象的人，一般也較爲注重別人對自己的看法，這樣的人更容易獲得搭訕的成功。

有時，不要對方一拒絕就氣餒敗退，需要再接再厲。至少要邀請對方五次，但不能纏著對方不放，更不可擋住對方的去路或緊隨不舍。要有——「失敗了也沒有什麼了不起」的心胸，也要有自知之明，不要好高鶩遠。若你的相貌穿著與對方不是一個檔次，那就別自取其辱了。否則，你勉爲其難地衝上去搭訕，只會嚇跑對方。

其實，只要通過搭訕能享受到與她短暫相處的樂趣就可以了，若能與她約好下一次見面，便是完全成功的。要懂得在恰當的時候結束這第一次的接觸。如果女方的反應熱烈，你就無須拘泥於上述的做法，而應「乘勝追擊」。不過，在交談的時候（接觸時間不長的情況下）需要注意以下兩點——

一、不為提問而提問。有些時候人們在「沒話」的時候，通常會問一些奇怪的問題。例如，明明剛問了對方的年齡，接著又問一句：「你是幾年次的？」這無疑是一個可笑的問題，卻反映出了搭訕者心理的恐懼。搭訕的時候，往往越是注意自己的言行，越是容易在言行上被判死刑。所以，搭訕的時候儘量不要去問話，最好是能一直說陳述語句，並且不要去等待對方的回答。

你可以很開朗、很自然地笑，但是請不要露出猥瑣的表情。這也是「搭訕犯」們常犯的毛病，也許你很有目的性，但是要記得，並不是所有的女性都能容忍得了「有點壞」的男人。要知道，有的時候女人交朋友也是本著永恆的定義進行的。

二、**說話聲音不要太大**。當你演講的時候，嗓門大可能會得到別人的尊重。不過換成搭訕的話，可能就太不合時宜了。特別是在公共場所找人搭訕的時候，嗓門太大會顯得你很沒有素養。

總之，在搭訕時，言行謹慎十分重要。我們的言行就是自身的另一個標誌，有時這個標誌會成爲自身的代表，所以謹慎的言行也是最受追捧的搭訕守則。

搭訕的術語

1．**打壓**。打壓，即為了平衡自己的心理，縮小與被搭訕者之間的差距，讓其不再有居高臨下的優越感。

你還可以看一下搭訕之後對方的表情，如果對方有些不舒服，那麼說明她對你是有感情投入的；如果沒有，說明你還在一個人遊戲。不過也不要過分地去打壓，以免讓對方產生厭惡的情緒。

2．**進挪**。進挪，任何形式的肢體接觸，即「動覺」的簡稱。這個有利於更進一步地建立信任感，同時也是對搭訕者的一個鼓勵。

3．**高價值展示**。即展示自己強大的一面，有利於在被搭訕者心中樹立高大的形象。通常你可以適當地誇大一下自己，並判斷對方是否對你有情感投入；如果沒有的話，那麼你的高價值展示在對方眼裡則如同小丑一般。

4. **低價值展示**。即展示自己弱勢的一面，有利於縮短與對方之間的距離，獲得對方的信任感。通常可以說一些自己的糗事來達到目的。如果能夠靈活地配合高價值展示來使用的話，看著對方聽得入神的表情，可以說是一種享受。

5. **興趣指標**。對方暗示他對你或者你的話題感興趣，這是一個很好的標誌，表明你可以繼續將搭訕進行下去了。再接再厲吧！

口才與表達力的終極訓練法

男子選擇的搭訕語可以迅速地幫助他們挑選出特定個性的女性。在類似於相親會的場合中，男性總是希望把自己扮成是一個不怎麼強勢、沒有城府的人。

事實上，在初期的相互接觸中，也就是從男性發出想要親近的信號，直到女性決定是否與其親密接觸的那段時間，女性總是處於控制地位，而大部分男性總是在某一方面顯示出他們的力不從心。

因此，如何組織好自己的語言，就成了男性們必須面對的問題。對搭訕這門學問來說，搭訕的方法固然重要，而相對來說，搭訕的語言攻勢應該是更加強大的。

即便是一個人的膽子很大，或者有很強的毅力，可是如果沒有搭訕的技巧，那麼一切都將是泡影。搭訕注重語言技巧，所以，如果你想第一次搭訕就成功的話，一定要學會運用自己的語言攻勢，將自己的搭訕推到最高潮。

不少人都曾有過這樣的感受：同樣的一個話題，別人講起來頭頭是道、實實在在，而由自己來講，總是乾巴巴的，甚至不帶一點色彩，幾句話一出便無話可說了。其實，善不善於運用舉例法，是一個很重要的原因。實際上，說話和做文章一樣，都需要借助具體材料來說明和展開論點。在交談中，爲了表達自己的見解，列舉一些事例可以起到說明和論證的作用，同時也有助於整個交談話題的展開。

爲了表示贊同對方的論點，舉例可使對方感到交談得很投機，有利於拓展話題。列舉反對或否定對方論點的事例，也可引起對方的思考，進而也有益於對方交談話題的深入討論。當然，舉例不是目的而是手段，因而選擇的事例一定要恰當和典型，絕對不可以濫用。

如果和女孩搭訕，剛認識她時，要儘量避免去讚美她的外表，而要側重於她的特別之處，不管這個「特別」實質上是多麼微不足道。例如，「你的鞋跟有多高？……你不像其他女孩一樣，穿著這麼高的鞋就搖得像個不倒翁。」開場白的讚美要含蓄，不留痕跡。讚美她時，切忌有意識地等著她的反應，而且一定不要讓她覺察到。比如讚美完之後不能傻笑著等她回話，你要繼續說下去。

又如在酒吧裡，你先讚美她「你的項鍊挺好看」，然後轉過身來跟你的朋友聊天，不要去看她，或者馬上向酒保要一杯酒。如果她沒有過來跟你搭話，稍後你可以直接以「嘿，『項鍊女孩』……」為話頭繼續與她搭訕。

如果情形是你直接表達了想認識對方，你表達這個願望後，不要看著她等她說是否願意，而要馬上接著談自己的情況，如你的工作等。好的開場白有如下幾種——

(1)「你父母是哪裡人？你怎麼這麼白／高？」這樣的搭訕開場白簡潔又不失莊重，可以成功地搭訕到一個自己心儀的對象。

(2)「你是本地／外地人嗎？」我們的開場白一般都是以問句結尾，所以這個問題一定要新穎，不要有失條理。

(3)「我的錶時間不對了，幾點了？」先把你的錶調慢或調快。

(4)「我宿舍的人說你是系花，有那麼多男孩追求你，你每天都忙不過來了吧？」

不管她是不是系花，她必定會否認一番，而且你在明知有很多人追她的情況下，還主動跟她搭話，會讓給她留下很有自信的印象。

與人搭訕，除了要有好的開場白之外，還要關注交談中的自我角色扮演。

交談中的自我角色，是指說話者在語言交際中所處的地位。交談角色大體可以分成三種類型：控制型角色、受制型角色，和自由型角色。

1．自我控制型角色的把握

控制型角色，也就是說話者在語言交際中佔據主導地位。例如做報告、演講、講課，在特定場合做中心發言、講話等。要避免一種誤解，這是就交際中的地位而言的，不能看做領導和被領導的關係，也不意味著身分的高低。

控制型角色的地位在某種意義上決定交際的成敗，特別需要具備明事達理的修養，不能信口開河，不能不辨是非。

控制型角色又需要較強的調節、控制能力。因爲這種角色往往面對著各種各樣的群體，如果不善於調節、控制，說話就有可能出現不同程度的偏差，影響表達效果，所以不能不考慮說話的策略和方式。

2．自身受制型角色的把握

受制型角色，也就是說話者在語言交際中處於受控制的非主導地位。例如在解釋、談心、調解、聽課等活動中處於接受地位的人。受制型角色的話語受到的制約，相比較而言，要比控制型角色多一些。

受制型角色需要有耐心、細心的心理素質。因爲他們在通常情況下受到交際對方的明顯制約，其語言的回響要建立在耐心、細心傾聽對方話語的基礎之上，否則就可能會導致說話不得體。

受制型角色還需要有緊扣話題靈活應變的能力。通常情況下，受制型角色說話受到別人的制約，有時表現得十分明顯。這就要求受制型角色說話不能脫離特定的話題，要有針對性，儘量避免出現偏差。有的場合，出於某些特殊原因，還要靈活應對，有意製造出偏差。

3．自由型角色的把握

自由型角色在語言交際中的地位比較自由，交際雙方沒有控制和受制之分。這種角色，減少了不少限制、束縛因素，進入交際，必然比較寬鬆、自由，但是，減少了限制、束縛，並不是意味著沒有限制、束縛，自由型角色仍然要正確地把握自我。自由型角色需要誠懇、坦率的態度，也就是說雙方要有良好的合作精神，自覺保證談話的成功、圓滿。

自由型角色需要感情的潤滑劑。自由交談不可能也不必要求做到字字句句都準確，它不是完全沒有交際的目的，但又並不以成敗爲唯一尺規來衡量是否得體，其中的一個重要的尺度，就是有沒有投入眞情實感。

這裡要強調一點，不要被社會上某些錯誤的觀念所誤導，把搭訕當成是一件不正經的事。搭訕是社交的眾多方式之一，並無任何不妥之處。社會越文明進步，搭訕文化越是發達，這也正是「搭訕」在現實生活中越來越受重視的原因。

愛美之心人皆有之，誠實地面對自己想要認識異性的想法和感覺，不要束縛壓抑自己的交際需要，不要太在意他人的眼光。其實，不管他們是否認同搭訕行爲，還是他們心裡想做而又不敢做，羨慕那些敢於搭訕的人。和自己想認識的人搭話，是自然而然的事，不必附加上太多道德色彩。

在語言交際活動中，人們總是自覺或不自覺地，按照上面所講的三種不同類型的角色說話交談，我們這裡提出要正確把握，就是要求盡可能促使不自覺向自覺轉化，持久訓練，嚴格要求，必然能夠得心應手，大大提高口語交際的藝術水準。

4. 把握住說話的時機

不論一個人說話的內容如何精彩，如果掌握不好時機，都無法達到說話的目的。因為，聽者的內心往往隨著時間變化而變化，要想使對方願意聽你的話，或者接受你的觀點，就應當選擇適當的時機。

時機對你非常寶貴且重要。但何時才是「決定性的瞬間」，怎樣才能判定並抓住，並沒有一定的規則，關鍵要看對話時的具體情況，憑你的經驗和感覺而定。搭訕也是同樣的道理。

在反映情況和說服他人的時候，要特別注意把時機選在對方心情比較平和的時候。因為，一些人由於勞累、遇到不順心的事，或正在把注意力集中在其他事情上時，是沒有心情來聽你說話的。

爲尊重對方，考慮對方什麼時候談話才會有較大興趣，是有效溝通的好辦法。當然，兩個人不論是否熟悉，都將最終被語言表達能力控制。做好了，兩個人會成爲朋友或者更進一步發展關係；當然，如果語言失敗，就等於平白喪失了相識相知的機會。

得體地與人進行感情交流，這個是最難理解的，當然也是最不容易學會的。

說話是一種藝術，同時也需要一定的技巧，我們必須認識和掌握這種技巧，然後才能獲得想要擁有的成功。一個人會說話，首先得會傾聽。

在說話的時候，要了解對方，眞誠對待對方，說話時間不宜太長，細心謹愼，更不要一人說到底。說話的時候不可唯我獨尊，把大家排除在外。所以，說話要清晰、明瞭、眞誠，而且要給對方留足說話的時間。

爲了進一步加強與被搭訕對象之間的溝通，具體來說，下面敘述的兩種方法不妨可以一試——

一、求大同，存小異。爲了在與搭訕對象溝通的時候能夠暢通無阻，交流思想更富有意義，搭訕者應該努力接觸各個領域內的知識，爭取通過最短的時間與被搭訕對象，在一定領域內求大同、存小異，力求縮短彼此之間的心理距離。這樣的做法有助於雙方關係的協調發展。

二、尋找共同情趣。共同的興趣和愛好，可以增加雙方間談話的廣度和深度，增加感情交流的頻率和速度，尤其是尋找彼此能夠共用的某些事情，使雙方充滿樂趣。不過，如果要使兩人的關係得到進一步發展，就必須更進一步了解搭訕對象有何嗜好，然後投其所好地與之溝通、交流。

現在的社會，嘴甜的人更容易融入生活，可見語言是人與人溝通的基本法則。口才是衡量一個人語言攻勢的準則，而表達力是衡量一個人對話術的精準詮釋。

當然，和陌生人接觸這兩點也是必不可少的。先排除自己與陌生人之間的阻礙，然後將自己的興趣，轉爲貼近陌生人的一方。這樣，只要有了共同的話題，那麼接觸起來就不會很難了。

搭訕話語的鍛鍊

口才好是搭訕的必要條件，如果你和對方說話時磕磕巴巴，半天也說不到點子上，對方就會喪失與你交流的耐性。訓練口才的小辦法有如下幾種——

1．多看看書。借鑒一些句子，然後成功地融入到自己的話語中，別把話說得太死板，要常常鍛鍊改進。

2．**常出席一些社交活動**。這也是提升口才表達力的好辦法，人多的交流是讓一個人告別「沒話」的最好辦法。

3．**學唱一些快歌**。很多搭訕者都有這樣的毛病，就是搭訕的語速慢，這其實就是不自信的表現。對方每說一句話，自己就要找對應的方法，當然說得慢了。可見，提升語速也是提升搭訕成功機率的好辦法。

4．**強化表達力**。為提高表達力，可以選擇看一些煽情的電影，然後強迫自己寫一個影評，再講述給朋友們聽。這樣，表達力就會大大地提升。

5．**說話不要將自己推進死角**。有些人說著說著，突然發現自己的問題自己都解答不了，那麼他的搭訕就只有死路一條了。所以，搭訕要學會隨機應變，要用最快的速度去想明白自己要說的是什麼。

總之，有了搭訕話語的鍛鍊，搭訕的成功將會顯而易見。

女搭男的經典實錄

相信聽到女搭男，大概大家都會聯想到「拉客」、「攬生意」這樣的詞彙。可是別誤會，我現在要說的是另一種女子搭訕，它並不存在什麼不好的因素，反而，它是社會進步的一種積極體現。

一個女人在什麼狀況下會去搭訕一個男人呢？讓我們先來分析一下——

(1) 欣賞這個男人的魅力。一個有魅力的男人，女人自然是欣賞的。他們的魅力來源於很多方面，例如：面貌、身材、金錢、氣質……這些都是男人的魅力。所以，一個女人被男人的魅力所吸引，對方卻沒有真正意義上去關注這個女人，那麼，如果她想要成功，就必須主動去和心儀的男人搭訕。

(2) 因為自身遇到了某些麻煩，向對方求助。這是女搭男最常見的原因。很多女性朋友都是爲了這個才去和陌生的男人說話的。不過，這樣的結果通常是，在男人幫助了這個女人後，女人說一聲「謝謝」，然後就轉身跑掉了。

(3) 推銷。要知道大多數搭訕都是源於推銷，而現在的推銷員也越來越多，銷售這個行業，面臨的競爭壓力也越來越大。因此，很多女人被迫每天站在街邊推銷自己的商品。這樣的搭訕完全是商業化的。這種搭訕的結果一般是，男人拒絕了女人，或者買下女人的商品，然後兩個人又成爲陌生人了。

⑷ **單純地交朋友**。大多數情況下，女人大都是抱著某種目的才去和男人搭訕的，眞正爲了交朋友而搭訕的是極少數。畢竟，女人交朋友的方式太多了。

其實無論出於哪種原因，我們都應清楚，女搭男已經變得相當常見了。而且，由於女人搭訕男人更容易成功，所以已經日漸普及開來，逐漸成爲流行元素。

下面我們就來看一個大學校園中女搭男成功的例子。

小眞是某大學的大一新生，長得比較可愛，而且性格比較外向。

有一天，她在校園裡邂逅了一位大三的帥哥，他叫凌。凌屬於那種讓人一見就會被吸引的類型，長得很帥，而且很陽光。而更讓小眞感到高興的是，凌竟然還沒有女朋友。於是，她便精心策劃了一次搭訕。

一天下午，小眞來到凌的教室門口。人都差不多走完了，凌才慢悠悠地從裡面出來，於是小眞就在他身後一路跟蹤他。

出了教學樓，人沒有那麼多了，小眞就跑過去匆匆忙忙地拍了凌一下，說：

「你好！我是大一的新生，我叫小眞，請問你可以借我一百塊錢嗎？明天我一定會還你！」

不多的錢數，凌微微笑著，然後小眞在自己的筆記本裡撕下一頁，寫上了自己的電話號碼，然後小心翼翼地問：「這樣呢？可以嗎？」

凌從口袋裡掏出一百塊錢遞給小眞，但是並沒有接過小眞的紙條。小眞迅速將自己的電話號碼塞給凌，然後一本正經地說：「我不是騙子，我只是早上出來忘了帶錢而已，把你的電話號碼給我！我明天過來還你！」

凌聽她這麼說，便不好意思就這麼走了，於是他將自己的電話號碼工工整整地寫在了小眞的筆記本上面，然後對小眞說：「我走了！想還我就打這個電話吧！」

初次搭訕成功，小眞輕而易舉地要到了凌的電話號碼。小眞儘量抑制住內心的興奮，朝著凌點點頭，說了聲：「謝謝！」這讓她興奮了一個晚上。

第二天一大早，小眞就給凌發了個簡訊：「起床了！一會給你送錢去！你今天在哪個教室上課？」她明知故問，卻很好地掩飾了自己。

過了大約十分鐘，那邊回覆簡訊：「今天沒課啊，大姐！」

小眞回覆：「誰是你大姐！我是大一新生！可比你年輕多了！」

凌那邊來了興致，回覆：「哦！我成了老人了！暈！」

兩個人進行了搭訕第二步——手機聯繫。於是，這個事情很快就有了結果。小眞最終不僅搭訕成功，也成功收穫了一個帥氣男朋友！

或許有人會說：「校園中的少男少女不諳世事，清純得很，所以搭訕容易成功，不足爲訓。」那麼，這裡還有一個女推銷員搭訕西裝男的成功案例。

林妍是一個公司的銷售經理。當然，她的搭訕手法和工作有一定的聯繫。林妍的公司是做床單寢具產品的，本來這個行業搭女客户的比較多，可是林妍卻偏偏反其道而行之。

年末的一天，公司舉行促銷活動，因爲林妍本就是一個典型的美人胚子，這一化起妝來更是美若天仙了。但是要知道，床單可並不是那麼好銷售的……

正當員工們惆悵著無法推銷出產品的時候，林妍看到一個穿西裝的老闆從車裡下來。林妍意識到，她的機會來了。

當林妍拿著一件自己選好的床單產品走上前的時候，身後的同事都驚呆了：

「這簡直是開玩笑，賣給女人就夠費勁了，更不要說是男人了。」

林妍快步跟上那個西裝男，然後單刀直入地說：「先生，一看您就很有品位，可以耽誤您幾分鐘時間嗎？」

西裝男猶豫了一下，停住了腳步，一臉疑惑地問：「有什麼事嗎？」

林妍笑笑，然後認眞地問：「一看您就是個大老闆。年終歲末了，請問您公司員工的獎勵選好了嗎？」

西裝男遲疑了一下說：「沒有，不過我交給祕書決定了！」

林妍說：「現在我們公司有一批急於處理的床單，都是進口的料子，而且價位比現在的國內料子都低。您不妨看一下，這是我們公司的樣品！」說著雙手捧上自己拿來的樣品。

西裝男接過去看了一下說：「這個我不太了解，能介紹一下嗎？」

林妍心裡暗自高興，對方肯聽介紹說明自己已經成功了一半。

於是，她向西裝男講解了現在寢具質量鑒定的問題，然後又給了西裝男一份她們公司床單的市場報價表。

西裝男一看便明白了，如果自己將這批床單作爲年末員工獎勵的話，會爲自己省下不少錢，於是他欣然與林妍簽下了單子。

林妍只用了一下午的時間，便成功地將公司庫存的貨物全部推銷出去，這也成爲了佳話，讓林妍得到了公司所有員工的認可。

另外，有一位男性搭訕老手，曾在某論壇上發帖子講了一個，他親身經歷的被女生搭訕的故事。

有一次，晚上6點左右，我在永和豆漿要了一碗餛飩，坐在對著窗外的長桌邊享用。我嫌這會兒路上太擁堵，所以打算消磨一會兒時間再回家。

餐廳裡此時人比較多，座位都坐滿了，所以當她在我旁邊坐下的時候，因爲不是我喜歡的類型，所以我並沒在意。否則就是放集中營裡，我也能一眼認出她來。

忽然，她對我說話了：「你這一碗裡有幾個餛飩呀？」

我已經吃了一半，回答：「沒數過，大概十個八個吧！」作爲搭訕老手，我敏感地意識到遇到什麼了。這姑娘身材略微有點兒胖，眼睛很大很有神，雖然談不上是美女，但那種自信和樂觀的勁兒還是挺吸引人的。

「這可是晚飯啊，你就吃這麼點兒？」她接著說，語氣是在開玩笑。

「我這是開胃菜，一會兒回家還有正餐呢！」我略帶幽默地回應道。

搭訕就是這樣：不是東風壓倒西風，就是西風壓倒東風。仔細分析了一下我的動機，其實是下意識地在給她機會，把主動權交給了她。

「你經常這樣嗎？」她接著提問。

「也不是，主要是看外面堵車，不想湊那個熱鬧。」其實，我是在暗示她，這會兒我正有空陪她閒聊。

可能是連續提了三個問題，她忽然不知該說什麼了。也許，此刻我向她也提個問題，對話就容易繼續下去。但是當時的我就是想體會一下，做個徹底的被動者是什麼感覺？所以沉默出現了。

直到我喝完最後一口餛飩湯，她才說：「你吃完了？」同時用大眼睛注視著我，可能是在施展眼神搭訕大法。

但是，這裡用這招其實很不恰當。這一招對於一見鍾情的對象非常有效，事半功倍，而對於普通好感的對象卻是南轅北轍、適得其反。

我忽然感到有些彆扭，於是起身告辭走了。

回顧上面這個女搭男的案例，除了那個女孩在三個問題之後，對搭訕對象突然失去興趣的可能，我們來分析一下她搭訕失敗的原因。

第一、既然是主動搭訕，就應該主動到底。不要半途被自己的性別因素所干擾，考慮一下是不是該表現出女性的矜持來平衡一開始的唐突。其實，對一個願意跟其聊天的男性來說，這完全沒必要，已經接受她的唐突就代表能夠欣賞她的自信，她爲什麼不能堅持到底呢？

第二、必須克服緊張。由於緊張，她把注意力過多地集中於自身，忽略了對搭訕對象的觀察和判斷。雖然搭訕對象只是回答沒有提問，但其實他的態度是開放的，而且他還提到「因爲堵車不想回家」，其實是在暗示可以繼續聊天。不能冷靜地理解對方的反應，這是搭訕時容易錯失良機的另一個原因。

第三、眼神大法使用不當。心有靈犀的人之間有那種眉目傳情的可能，作爲一般關係，即使是對她有一些好感的人，也會在意自己的個人空間。而眼神大法的過分使用，是對個人空間的一種侵犯，時機不對就變成騷擾了。

第四、該提要求時可以大方地提出要求。比如，在搭訕對象起身告辭的時候，如果她問能不能坐下再聊一會兒，估計對方是不會拒絕的。因爲對方是男性，沒有安全感和矜持心的顧慮。只要對她沒惡感，只要時間允許，聊聊天肯定是不成問題的。

女搭男並非輕浮的舉動

「女搭男」跟「男搭女」最關鍵的區別就在於，被搭訕者由於性別不同，在安全感和矜持性上，會有相當大的差異。

受上述兩點的限制，女性即使對搭訕者有好感，也不會馬上開始約會，通常會先留下電話，有個緩衝的過程之後再開始相互了解。而男性就不用如此麻煩了，只要時間允許，馬上就可以開始進一步的了解。相反，在一無所知的情況下互留電話，以後再約出來開始認識，在他看來就是多此一舉，為什麼不現在就開始去做呢？

所以，女士們如果想與哪個帥哥搭訕的話，別先急著留電話，別輕易用眼神搭訕，拉著他多聊聊天就行了。

很多女人不敢去搭訕，因為她們覺得搭訕是很輕浮的舉動。男人搭訕女人可以理解，可是如果女人搭訕男人，那簡直就是難以想像的。

其實，只要將搭訕放大層面去講，那麼大家就能明白了，男人女人在搭訕裡都是一樣的，男人們在搭訕的過程中可以變成被搭訕者。

女人也是一樣，每一個女人以被搭訕者存在的時候，其實自己也是一個典型的搭訕者。由此可見，搭訕並不是什麼可恥的事情。

女人搭訕男人完全要看勇氣，搭訕之前最好作出決定，確定自己搭訕的目的，有目的性的搭訕，更容易獲得成功。

所以，沒有必要為了自己搭訕了某個男人而羞愧；相反，女人的搭訕常常更加純粹，而且更加具有代表性。

「搭訕犯」是怎樣煉成的

現在的搭訕大多情況是，前一小時在尋找適當的地點，而後10分鐘去認真地搭訕，再有20分鐘被人拒絕。每個人搭訕都會經歷成功和失敗，在搭訕的時候，不到最後一秒，搭訕是看不出成敗的。

可見，搭訕眞的是磨鍊人的好「事」。很多初嘗搭訕的人都會問：「總是聽到『搭訕犯』這個詞語，那麼『搭訕犯』到底是什麼呢？」其實，我們可以用四個字來概括

「搭訕犯」的意思——搭訕常客。他們活躍於各個街道、各個學校，時刻都上演著一幕幕精彩的搭訕。

作爲「搭訕犯」，其實大家最搞不懂的就是搭訕程式。曾經有個「搭訕犯」就曾感慨地說過，誰要是能把追美眉的程式總結出來，那才是感激不盡呢！

說到追美眉的程式，首先就要從基層說起了，開場白是一切美眉無法抵擋的話語，也是決定一個人搭訕命運的關鍵。直接的開場白適用於完全沒有說話理由的場合，比如目標是在大街上匆匆行走的某個美女。最經典話是——「美女你好，我想認識你。」這話雖生硬但卻非常實用。原因有三，一是當今社會推銷員和騙子太多了，所以必須先表明你的來意，否則人家沒有安全感；二是我們的文化幾千年來更偏向婉約，所以有時直抒來意反而會成爲一種魅力；三是搭訕講究眼緣，直接開場可以讓彼此都快速篩選。

間接開場白也叫自然開場，顧名思義就是從一個自然的話題開始交談，適用於聚會、夜店、書店、展覽會場、旅行途中、朋友的婚禮等場合。因爲當你們必須共處一個空間的時候，直接開場一旦不成功就會讓雙方都陷入尷尬，而在街上搭訕失敗，大家可以馬上離開。

很多人都在爲搭訕要怎麼開口而困擾，所以這裡整理了一兩個例子給大家參考。不過，大家一定不要太拘泥於形式，一切都要從實際情況出發。

(1)小姐，你好，我發現你笑起來很甜，我希望能夠和你認識一下。哦，對了，先介紹一下我自己，我叫××，是一名×××。之前有幾次就想和你說話了，但是又怕引起你的誤會，所以，一直拖到今天才跟你說話。我眞的很希望能和你認識一下，和你做個朋友。

(2)你好，每天上班都遇到你，挺面熟的，我希望能和你認識一下。不和你認識一下，每天遇到時很尷尬，不知道是和你打招呼，還是當做沒看見。哦！對了，我叫××，是×××。

(3)你好，小姐，我每一次見到你都覺得好開心，所以希望能認識你，和你成爲朋友。我叫××，是×××，我們交個朋友吧！讓我們的朋友圈能更廣一點吧，不要讓我們的朋友圈僅限於同事跟同學之間。

(4)你好，我可以和你認識一下嗎？我叫××。我希望認識像你這樣的優秀女生，和你做朋友。這樣子也許有點唐突，但是我們既不是同學又不是同事，如果不用這種方式的話，我們也許永遠都不會認識。

——以下是一些常見場合的搭訕指導。

1．在商場如何搭訕

在商場搭訕，宜選擇人流少、相對開闊的地方，你可以直接跑過去說：「你好，我想認識你。」行就行，不行就直接轉身走人，或者說句「對不起」。

2．在街頭如何搭訕

街頭搭訕也稱爲街搭，自然是在街上逛的時候尋找到目標了，切忌不要在四下無人的地方出手，尤其是晚上。因爲現在的人有很強的搭訕恐懼症，他們被灌輸的──「搭訕的人是壞蛋，常常騙財騙色，甚至拐騙人口」的思想太多了。

所以，就算你是個善良的好人，只是想單純地交友，也儘量找有路燈的地方再開口。這樣不僅能顯得你心胸坦蕩、光明磊落，還能給對方留下一個好印象。你依然可以直接開場：「你好，我想認識你。」行就行，不行就拉倒，因爲美眉在街頭比在商場的安全感要低。你若一直糾纏下去，那就等著員警來和你搭訕吧！

3．在餐廳、圖書館、咖啡廳、快餐店如何搭訕

選擇公共場所搭訕的人是最多的，因爲公共場所的人流動性大，所以搭訕失敗可以

直接轉身回到人群中。搭訕方法是你直接過去，先坐下，然後問：「你好，我其實是想認識你的，我能坐在這裡嗎？」行就行，不行起身就走。一般對方拒絕的語言都是：「對不起，不太方便！」對方不方便，你轉身再回到你的世界就行了。

4．在公車、捷運、火車上、飛機上如何搭訕

這幾種場合最好使用間接開場，比如：「您的雜誌能借我看看嗎？」、「您的手機眞漂亮。」、「您要到什麼地方呢？」因爲在公共運輸工具上，都會有點時間，所以不必急著開場，萬一被拒絕時，無法立即逃開，這樣你和美眉仍處在的時段都會很尷尬。

所以，如果實在找不到話題，可你又非常想認識對方，那就跟蹤她一起下車，然後在路上才直接開場，或者是溫柔一點的語言，讓她沒有拒絕你的理由，不過這個很不容易做得到。

5．在校園裡如何搭訕

校園搭訕說簡單也不簡單，說難也不難。有的時候，一句話就能搭到一個好女孩，因爲那個時候的女孩是比較單純的，她們沒有經歷過社會的勾心鬥角，可以以最眞實的

狀態迎接生活。可是，在校園這個小生活圈子裡，很少有人能成功地戰勝自己。因爲，那可能會成爲全校的笑柄！

校園搭訕直接、間接開場都可以。比如，搭訕一個背著畫板的美眉，間接開場可先從美術聊起，而直接開場還是先表明來意，確定美眉態度友好之後，再聊畫畫。有些人偏愛直接開場，如果對方對他沒興趣，也不必礙於禮節陪他寒暄。

很多初級「搭訕犯」都有一個認識誤區，以爲直接的開場會降低自己給別人的第一印象，而間接開場能讓自己有更多表現內在美的機會。其實，間接開場的唯一好處就是不讓美眉尷尬，幾乎對你自己的形象沒有什麼修飾的作用。

所以，怎麼選擇就看你自己的偏好。不管怎樣，抓緊時間去實踐校園搭訕吧！

6．在旅行途中如何搭訕

旅行的過程中，因爲時間比較充裕，你可以把一步分成兩步走，創造最佳時機。比如在火車上，吃飯和去洗手間都是最好的機會，通道裡謙讓一下，排隊時微笑一下，過會兒再遇到，自然就可以聊天了。再次強調，爲了讓美眉不會尷尬。所以，旅行搭訕最好採用間接的搭訕方法。

7．在書店裡如何搭訕

先小聲問一句：「這本書好看嗎？」或「你知道最近女孩子都喜歡看什麼書嗎？我想送一本給我妹妹。」通常對方會有三種反應：對方態度積極，那一路聊下去就行了；對方露出遲疑迷惑但並不拒絕的神態，那麼你就馬上說：「其實，我是想認識你……」對方回答冷淡、愛答不理，你就直接閃人吧！愛逛書店的人修養都比較高，因此在書店搭訕，容易給對方留下好印象。

8．婚禮或者社交場合的搭訕

一定不要直接開場，因爲這樣不僅會讓搭訕對象尷尬，更重要的是還會影響活動發起者的形象。穩妥的搭訕方式是自我介紹開場，比如：「我是新郎的中學同學，您是男方的客人、還是女方的客人啊？」

——以上列舉了不同場合的搭訕，下面再講講不同情況下的搭訕要點。

1．如何搭訕正在等人的美眉

不要問她等的朋友是男是女，這個問題很無聊。只要她對你態度友好，先把電話號碼要了再說。要知道等她的朋友來了，即使是女的，你也未必有機會了。

2．如何搭訕群體中的美眉

要先向群體的所有成員問好，這是基本的禮貌，然後再對著你想搭訕的對象說話，剩下的就聽天由命了。一般來說，搭訕群體一員的成功率，只有搭訕落單目標的五分之一，因爲成功與否不僅取決於對方對你的感覺，還受她的同伴對你的態度，以及她們之間關係的影響。

有人就曾問過一個美眉：「如果那次遇見時你正跟同伴在一起，你還會給我號碼嗎？」美眉回答說：「這就要看我跟那個同伴的關係了，如果是很熟的朋友，她了解我的爲人，那我就會給你號碼；如果是一般的朋友，我可能就會拒絕你。因爲我犯不上爲了一個陌生人，而讓身邊的朋友誤解我。」

3．如何搭訕工作中的美眉

那些靠身材、臉蛋吃飯的美眉，在工作中是很難搭訕的，比如車展上的模特，色狼們都在一批一批地往上湧，「搭訕犯」不必跟他們一起去「送死」。

不過，店員、櫃台或鄰近公司的美眉，我們都有機會去認識。只是由於她們的社會身分和工作地點相對暴露，而安全感的建立需要彼此資訊的對稱，所以我們在表明意圖的同時，應該把自己的相關資訊告訴對方，以提高搭訕的成功率。

例如，面對一個服裝店的美眉，當她向你推薦衣服之後，你可以說：「我是做ＩＴ工作的，平時很少出門，雖然公司就在你們店的附近，但今天還是第一次來，其實我很想認識你。」

還要提醒一點，索要聯繫方式時儘量避開她的同事，以免給美眉的工作造成麻煩。同樣的道理，街搭則不必先介紹自己，否則會讓對方先瞧扁你。

最後強調一點，直接開場不等於直接要電話號碼。「你好，我想認識你。」說完之後，依然需要一個交流的過程。感覺好，再留下聯繫方式；感覺不好，就自覺退下。要明白，「搭訕犯」不是「討號犯」。

搭訕過程中索要聯繫方式的時候不能大意，因為有些女孩喜歡「編號」，就是胡亂說一個號碼。這種情況，常出現在你搭訕半失敗的情況下，對方想拒絕你，可是又不忍心，所以她可能編個號碼來敷衍了事。在這種狀況下，你就要檢討自己為什麼沒有能取得對方的信任了。

另外，即使當時已經搭訕成功了，隔夜再聯繫可能也完全不是那麼回事了。爲了避免這種狀況，建議搭訕者應該在取得對方聯繫方式後的兩小時之內就「電」一下對方，以鞏固已經取得的搭訕成果，延長搭訕的保鮮期。

你搭了，便成功了

要想成為高明的「搭訕犯」，基礎工作一定要做好。這樣，搭訕將會變得輕而易舉。另外，即使搭訕失敗了也不要緊，搭訕的機會天天都有，這一次的失敗就是下一次成功的起點。

搭訕犯的修煉，就是人生中的一個過渡，從一個默默無言的人，轉變成一個成功的「搭訕犯」，經歷的過程是艱辛的，但同時也是快樂的。

作為一個菜鳥「搭訕犯」，要對自己的語言攻勢負責，搭訕的道路將會越走越平坦。搭訕的基礎是開場白，接著就進入高端問題。怎麼搭訕？我們已經明白搭訕需要精湛的語言搭配，才能搭得漂亮。

不用去鑽牛角尖，沒有必要去計較搭訕的成敗。相對而言，你搭了，你便成功了。你可以在搭訕中學習成長，當然也可以在搭訕中練就一番好功夫。

修煉「搭訕犯」這條路可並不好走，也許會被誤解為壞人，也許會被嘲笑。可是當你搭到一個漂亮美眉的時候，你就可以揚眉吐氣地翻身了。你做到的，是那些嘲笑你的人做不到的。從這個角度說，你比他們強多了。

優秀搭訕話題的「集中營」

搭訕的話題一直是困擾著大家的東西，使得我們停留在無話說、不知道怎麼說的狀態下。很多的時候，搭訕會進入空白期，沒有自己想說的，可是又不能不和對方說話。那麼，我們所謂的「話題」都是些什麼呢？

比如，想知道對方的姓名和聯繫方式，要問什麼問題呢？當你問她聯繫方式時，不要用「詢問」的語氣，要用「陳述」的語氣。要注意的是不要問：「可以留下你電話嗎？」應該說：「你電話是多少？我記一下你的電話。」其實，你可以說：「我記一下你的聯繫方式，以後有活動的時候，你也可以和你的朋友，一起出來散散心。」這也是一個很好的話題。之所以補充說可以帶朋友，就是讓搭訕對象放下警惕，安心一些。

另外，很多搭訕高手證明，先上網給對方寫一封簡單的電子郵件，是比先打電話更有效的開始。而且，電子郵件比較不會牽涉到騷擾的問題，比起留電話號碼，她會更放心地留給還不熟悉的你。

這裡還有一個技巧，如果情形允許，聊天的氣氛又很好，你要了她的電話號碼後，可以和她玩一下打電話的遊戲。當場打給她，給她一個意外的驚喜。這樣她會覺得你是一個有趣、有創意、有想法的人。

如果她是活潑型的，你甚至可以讓她配合你玩個打電話遊戲。讓她假裝很興奮地接你電話，比如你可以讓她說：「哇，××（你），你打電話來我太高興了！」最好還讓她做出一些誇張的表情。這將爲你們之間的交往開一個意想不到的好頭。

1．情景模式一

聊天後裝作要離開（做出要離開的身體語言，如轉身、點頭道別等），離開她走幾步，再很自然地回頭來索要聯繫方式，比如說：「哦，對了，你有沒有電子郵箱？」

一般她都會說有，你就拿出筆和隨便的一張紙，就把她的回答當作是答應給你聯繫方式，這樣的語氣說：「好的，請寫在這裡。」當她正在寫的時候，你可以再補上一句說：「不妨把你的電話號碼也寫上。」你也可以掏出手機，讓她敲下來。

萬一她的回答是沒有，可能是她眞的沒有電子郵箱，也可能是她還沒決定給出聯繫方式，這時不好直接問電話號碼，建議用幽默扭轉一下氣氛。比如，可以說：「二十一世紀了，應該有人發明一種東西可以讓我們保持聯繫了吧？」然後掏出你的電話，理所當然地說：「哦，好像這個設備有這個功能！」又比如：「你這不是在逼我要你的電話號碼嗎？因爲不再和你聯絡，我的損失可大了！」

2．情景模式二

「你眞是好……眞希望我們有更多的時間可以聊天，但我必須趕去做……」這時停下來不說話，她可能會主動給你聯繫方式。如果沒有，就接著說：「這樣，我記一下你的電話或電子郵箱，我們稍後再聯繫。」這時可能出現以下幾種情況——

(1) 如果她沒給出聯繫方式，卻想請你把你的聯繫方式留給她。實際上，她會倒過來主動和你聯絡的可能性，是很低的。你可以說：「主要是我想認識你，不是你要認識我，還是我給你發封電子郵件吧！」當然，同時要把你的聯絡方式留給她。

(2) 如果她還是沒給，可以再問：「是不是覺得這樣認識人的方式不好？」如果她的意思就是不好的話，那你可以解釋說：「我也是沒有辦法，現在的情形，我也只有這樣才能認識你呀！」

(3) 如果她說：「沒什麼不好，但我有男朋友了。」那你可以趕緊說：「大家做個普通朋友，多個朋友也還ＯＫ，以後說不定也會派上用場。」你這樣的回答聽起來沒什麼力度，但女孩就需要這樣的託辭。

(4) 如果她最終還是不給任何聯繫方式，你仍然要保持風度，有禮貌地道別離開。反正你又沒損失什麼，而且要是下次再遇到她，情況可能就大爲不同了。

社會越文明進步，搭訕文化是越發達。在西方國家，很多情形下與陌生人打招呼甚至是一種應有的禮貌。在國內，搭訕還是不太發達。因爲國人經常處在保護自己、防範他人的狀態下，在平常的生活中並不期待與陌生人有非同尋常的接觸。

一般來說，讓女性覺得沒有安全感的地方就不適宜搭訕。比如，在銀行裡，如果你實在不想錯過她，就不要等到她出銀行才開口，在銀行裡她會更有安全感。最好主動向她表明，你知道銀行不是很方便交友的地方，但請她放心，並請她不要誤會，因爲你太想認識她了。

下面我們來列舉幾種搭訕過程中常會遇見的情形，以及應該如何應對。

1．她就一個人走在你前面，怎麼辦

這算是搭訕過程中最多遇到的場面了，網路上、書上已經提供了很多精彩開場。這時應該快步走到搭訕對象身旁，距離一兩公尺，然後開始假裝打電話，其實就是對著手機自言自語。說話聲音不用太高，能讓她聽清楚就夠了。

記住，大聲打電話會顯得你的素質很低。至於自言自語說什麼話，就可以即興發揮了。一般可以說以下這些內容——

「哦，我已經快到了，你還要多久？」（暗示你不是有意跟蹤她）

「你帶上球拍了嗎？」（暗示你愛鍛鍊身體，各項身體機能都不會差）

「你的那本書我忘記帶了，不好意思。」（暗示自己有修養）

其實就是給對方一個心理緩衝期。因爲對於那些特別謹愼的美眉，一個男子突然上來搭訕會使她立刻高度緊張，根本不可能聽清你在講些什麼。在這種情況下，你就是準備再精彩的開場白也是白搭。而假裝打電話的作用就是通過自言自語，讓她在沒有壓力的情況下，獲得你的初步資訊，爲你眞正開始搭訕鋪平道路。

然後，你就可以收起手機，很自然地回過頭，對她說：「你知道這兒離×××健身房，還有多遠嗎？」

……

這便可以讓她覺得你是個可愛、有趣，且成功的年輕人。

當然，以上說的只是一個小花招。因爲任何技巧使用多了，都會破壞搭訕過程中的樂趣。而對我們來說，搭訕過程的樂趣又直接影響到搭訕的結果。所以多數時候，我們還是喜歡直接說聲「你好」來開頭。至於嚇著她怎麼辦？嚇著就嚇著唄，我們是搭訕的，又不是她家的保姆。

2．如何跟兩個女孩搭訕

情況一，你想認識的美女旁邊跟著一個不太好看的女同伴，怎麼辦？

情況二，你想認識的美女旁邊的同伴，是個稍差一點的美女，怎麼辦？

跟兩個女孩搭訕的原則是：你一定要對著那個對你態度好的女孩不停地說話，即使她並不是你眞正的目標，同時你也不要給那個對你態度不好的女孩開口的機會，目的就是爲了拖延時間爭取機會，最終要到你的目標對象的電話號碼。

對於第一種情況，只需跟美女多聊聊。比如，你想請她們去喝咖啡，就直接跟美女說你的決定，只要美女表現出同意的跡象，馬上回過頭跟另一個女孩說：「謝謝！」但你絕不能等美女去徵求其同伴的意見，否則結果難料。

對於第二種情況，女人都有一個有趣的心理，即當兩個女孩姿色相近，並且又有一個男人出現時，她們更多的是呈現競爭關係，通常是漂亮一些的那個，會用矜持來表現自己的自信，而稍差一點的那個，會用曖昧主動引起男人的興趣。這時候搭訕者利用她們之間的競爭，就能給自己創造機會。可以先多跟那個差點兒的聊，故意冷落你的眞正目標，等到一定時間，那個漂亮的發現擺酷沒有效果時，她自會主動加入。

3．游泳池裡如何搭訕

游泳池是個很好的搭訕場所。這裡的美眉不會像大街上的那樣匆匆忙忙，也不會警惕不安。只要你不是那種讓她覺得很沒眼緣的人，一般她們都不會介意和你聊上幾句，這時就要靠你的口才了。

但是你要記住：不要上來就圍繞著對方提各種問題，比如「你是做什麼的？」「你是自己來的嗎？」「你家住哪裡？」等等。這樣的問題會讓美眉有壓力，也不要忙著說你自己，這樣會有臭顯擺的嫌疑。最好先聊一些關於協力廠商的話題，並且這個話題跟你們眼前的狀態，還有自然而然的聯繫。你可以談談自己的感受和看法，並在這個過程中激發美眉的興趣，尋找彼此的共鳴，等到時機成熟就可以直接互換電話號碼了。

4．發現她而不是改變她

眞正的搭訕高手不一定是萬人迷，但是他能及時準確地分辨出異性對自己的興趣，他們絕不在沒有希望的異性身上浪費時間。初次見面，你當然不會知道一個女孩早上吃了什麼或者晚上想吃什麼。但是，你還是能通過觀察發現一些對自己有價值的資訊。

搭訕是一個做減法的過程，首先要認識很多對象，然後把其中對你不來電的先放在一邊，剩下的才是你美好生活的開始。有個搭訕高手在其博客上，寫過這樣一個搭訕的經歷。

這是一次意外的經歷，時間又是在夏天，因爲冬天是搭訕的淡季。

當時，這個被我跟蹤的美眉，穿著一雙精緻的涼拖鞋，步履輕盈，走得飛快。我足蹬「just do it」在後面緊追不捨。

終於接近目標，這段路窄，我在她的正後方，相距也就一公尺左右。前面的路又寬了，我腳下發力，準備從右側抄過去搭訕，不料此刻她也突然向右並線，結果我踢到了她，而且力度不小。

兩個人不約而同地「啊」了一聲，緊接著又一起說出了「對不起」三個字，看來高素質撞上了高素質。當時有那麼一秒我是真心在道歉的，甚至都把搭訕這事給放一邊了。因爲我感覺踢到了美眉的纖纖玉足，那可不是鬧著玩的。但看到她也在道歉，卻讓我糊塗了。

爲此，我們還暫時停下了腳步，俯身低首查看事故狀況。不是爲了責備對方，而是爭一爭自己的不是，那場面有一點點感人。原來，她以爲踩到了我的鞋，我以爲踢到了她的腳，其實只是我的鞋頭撞到了她的鞋跟，一場虛驚而已！

接下來我又想起了自己的任務，開始耍貧嘴：「不用叫交警了吧？」她的笑容也從歉意的變爲輕鬆的：「又不是交通事故，叫什麼交警呀！」

「嗯吶，普通追尾，後方負全責，咱就私了吧！」

「那你怎麼負全責？還打算幫我修鞋呀？」她也開始跟我逗著玩了。

我指著自己的舊耐吉：「你開的是敞篷車，我這是小麵包，不是一個檔次的呀。我給你護航吧，再有人撞過來，我來擋住。」就這樣，我們開始邊走邊聊，一直到路口才分手。

我要她的聯繫方式，她猶豫了好久。要在平時，我就瀟灑走開了，但這個美眉不但漂亮而且心地善良，我非常想認識她。於是我又費了好多口舌，終於得到了她的號碼。這算是我搭訕生涯中特別美好的一次經歷。

所以說，搭訕有時候更注重的是內容，而並非什麼結果，搭訕只要兩個人開心就好。上述這個成功的搭訕之所以被引用，和它那幽默的語言是分不開的。要知道，適當的時候，幽默是搭訕成功的必備法則。

5．跳出常規去解讀她的話

當我們從意識層面克服了對搭訕的認識障礙後，那些古板的觀念依然會通過潛意識來影響我們的思維和言行。如何在這個層面掙脫束縛，是一個艱難的過程，需要我們不斷地反省和挑戰自己。有這樣一個情景——

兩個人在路上聊了十幾分鐘，當他向她要電話號碼時，她卻回答：「對不起，我不太習慣給陌生人留電話。」

很多「搭訕犯」的氣焰，這時都會被打壓下去，有的人也許就啞巴了，有的人最多也只是無力地辯解道：「我眞的很想認識你呀！」、「朋友不都是從陌生人變過來的嘛！」、「認識一下也沒什麼不好啊！」……

下面我們來分析以上這些回答所折射出的思維定式——

「我不太習慣給陌生人留電話」——這句話對於一個內心不夠強大的「搭訕犯」來說，立刻就會感到有壓力而沉默不語。

成熟的「搭訕犯」心理應該是這樣的：我堅信自己是對的，我只想找個機會能認識你，這就夠了。接下來，就需要開動腦筋從她的隻言片語中，發現進攻的漏洞。

「我不太習慣給陌生人留電話」——再仔細分析這句話，爲什麼要把焦點集中在

「給陌生人留電話」而不是「我不太習慣」呢？對了，這就是關鍵。前者是環境輿論的大旗，後者是更具體的個人資訊。

我們爲什麼要以卵擊石，去跟環境對著幹呢？所以，最佳回應就是——面不改色心不跳，然後一拍大腿眞誠地接道：「說得太對了，不能給陌生人留電話！這事怎麼能習慣呢？絕不能習慣！就只留這一次，咱們下不爲例。」

雖然這樣的回答不能保證100%能得到對方的電話號碼，但至少可以讓搭訕行爲變得有趣，至少也讓你的每一句話都是爲眞實的自己而說的。把這個例子再伸延，你就會發現，我們其實總是習慣於解讀對方話語中，跟環境論調一致的那部分資訊，同時也總是傾向於針對這部分資訊進行交流。

這就是大多數人的思維方式，這種模式可以讓世界安全和有序，但同時也少了許多碰撞和火花。作爲「搭訕犯」，我們本來就是少數派，經常讓自己的思維跳出常理，是一件既有趣又有用的智力活動。這裡再舉一個例子——

有位男士對一位二十出頭的美眉很感興趣，但雙方之間不算很熟。因此，男士約過她兩次，都被她給拒絕了。

第三次再約時，她回了簡訊說——「我已經有男朋友了」，此時氣氛立刻變得緊張。雖然男士只是約她吃飯，但被她這麼回答，搞得好像他在求婚似的。大腦高速運轉5分鐘之後，男士回道：「是嗎？還以爲你都結婚了呢！」美眉馬上回道：「呵呵，我有這麼顯老嗎？」男士回道：「不老，只是一直覺得你不是一般女孩，熟多了！」這時，貶就變成了恭維，氣氛再度恢復融洽。

這又是以非傳統方式解讀對方話語的一個例證。「我已經有男朋友了」是百分之百拒絕人的套話，你照著她的意思理解，思路只能越走越窄，而把「男朋友」跟「老公」對比一下，就能啓發她發現另一片廣闊的天地。

7．搭訕時幽默的思考

搭訕時如果你能幽默一些，往往會有起死回生或者錦上添花的效果，但這是可遇不可求的。這既對搭訕者自身有一定要求，同時也依賴於被搭訕者的回應。比如，跟搭訕對象說「我不是壞人」是不幽默的。反之，「我看你不像壞人」，這倒眞的是我們向對方搭訕的一個原因。設想她如果是蛇蠍之心的話，就算再漂亮我們也不敢去結識呀！

我們的傳統文化不提倡當面討論對方的人品，因此，「我看你不像壞人」這句話略帶質疑成分的話，會被習慣性地阻擋在大腦思維之外。但是，搭訕是一種特殊的社交，其本質就是要打破陳規，只要沒有對對方不敬的言行，都可以接受，恰恰由於這種表達隱含著小小的叛逆色彩，有時還會拉近雙方的心理距離。

作爲一種宣洩，東方人的幽默往往都是無厘頭式的，讓眞實的自己在空氣中暴露幾分鐘，感受另一種誠懇的幽默。在西方社會，性和政治一直都是幽默的主題，原因就是這兩個領域可以觸及的禁忌太多了。西式幽默的邏輯性是很值得欣賞的，換成任何一種語言，你都能體會到有樂趣，因爲它挑戰的是規矩和習俗，反映的卻是人性和理性。

再舉一個曾經比較流行的例子。要電話時，如果對方不給，「搭訕犯」戲言：「不要擔心我會騷擾你，每天我最多只打十個電話。」可以說，這是一個標準的無厘頭式幽默，好玩的地方就在於它的莫名其妙。

前提是如果美眉已經對你有一定好感，那麼這樣的回答可以放鬆一下氣氛，但如果美眉還在審視你的階段，這麼開玩笑幾乎等於自絕後路。

所以，作爲理性的「搭訕犯」，仔細去想想，你眞的會每天給她打十個電話嗎？顯然是不會的。但如果說「每天我最多只打一個」，好像有點兒乏味，所以不妨這樣說：

「每天我最多只打半個電話。」這樣的回答，既有幽默效果，同時還表現了自己懂禮貌有涵養的一面。

俗話說：「授人以魚不如授人以漁。」作爲新時代的「搭訕犯」，死記案例不如理解其中的精髓之後，自己去創造，畢竟罐裝材料總是有保鮮期限的。而一個精彩的原創幽默，既能愉悅別人，又能表現自己，這才是搭訕最美好的瞬間。所以還是那句老話，多去面對眞實的自我，才能發掘出更多有趣的事物，並通過這樣的思維方式破解一些搭訕時遇到的難題。比如：

對方說「不習慣留電話」，我們可以回答：「就只留這一次！」

對方說「我有男朋友了」，我們可以回答：「原來你還沒結婚！」

最後，拿一個校園搭訕的經典案例作爲結尾——

靠近，找到合適的角度，老狼微笑著說：「你好！」

美眉停下腳步，很有禮貌地回應：「你好！」她的眼神透出——「你找我有什麼事」的詢問。

老狼沒對美眉使用任何橋段，直接上前問：「你學什麼專業的啊？」

美眉：「播音。」

老狼讚美道：「是麼？難怪這麼有氣質。」美眉笑。

老狼對她說：「今天好像舉行主持人比賽，你去參加了吧？」

美眉：「是啊，不過我是學生會的，只能去當服務人員。」

老狼：「你不去參加眞是太可惜了。」

美眉：「爲了避嫌。」

「原來如此。」老狼突然有些緊張，不知道該說什麼了，冷了3秒鐘，「也沒什麼事，就是想認識你一下，我叫××，你叫什麼？」

美眉：「××。」

順利進入正常的閒扯話題。

臨近美眉宿舍，老狼說：「把你電話留給我吧！」

美眉笑著，一本正經地說：「爲什麼呢？給我個理由。」

老狼還沒碰過這樣的情況，無解，思想短路。終於蹦出一句：「這樣吧，你告訴我你的疑問吧。」

美眉：「我先問的你呀！」

我便說：「兩點理由：第一，我不是壞人；第二，我們聊了這麼半天，算是認識了。」美眉對這個理由還算滿意，最後留下了郵箱號碼。

爲什麼「給個理由」會讓老狼思想短路呢？答案很明顯，如果一個男人對一個剛認識的女孩說覺得她如何如何漂亮，自己如何如何心動，女孩聽了可能也受不了。其實，老狼完全可以這樣說：「你看你怎麼這樣，咱們剛認識就逼著我誇你，多不好意思啊！其實我就是想留個電話，以後等咱們熟點兒了再說這事，行不？」

如此回答，不一定就能讓女孩留下電話，但至少能表達當時的眞實心態。

8．搭訕容易再見難

成熟的「搭訕犯」很清楚，有時候美眉給出電話號碼僅僅是因爲不好意思拒絕。

首先，世界上就是有一些不輕易說「不」的人，且以東方女孩居多數。

其次，有的美眉只是把你的搭訕作爲她生活中一次精神上的「豔遇」，留電話的行爲只是結尾時的一個「標準動作」而已，並不意味著今後一定要聯繫。

再次，有些美眉跟搭訕者一樣，把被接受搭訕作爲擴大交際的一種方式，廣撒網精挑選，電話可以隨便告訴你，但接下來沒有特別好感是不會再見面的。

所以，怎麼讓搭訕得到的號碼都是有效號碼呢？一個成功的經驗就是，儘量把搭訕的過程拖長。建立舒適感也好，展示價值也好，一定要有足夠的時間作爲前提。想想看，那些帥得讓人流鼻血的大明星都要靠反覆宣傳才能深入人心，何況我等凡夫俗子，憑什麼匆匆一面就讓美女對咱們念念不忘呢？

有人發現，凡是超過半個小時的搭訕，再約會的成功率都非常高，而超過一個小時的搭訕，不去再見人家一面，簡直就是對不起人家。可見，關鍵是要把握好搭訕的時機及過程。

搭訕跟約會有本質上的不同，搭訕是隨時可以被中止的，但約會總有個最短時間。美眉遭遇陌生人搭訕，感覺好就繼續聊，感覺不好就抬腿走人，這都是順理成章的。結果，凡是能聊得久的搭訕，一定是因爲你讓她開心了。而約會卻是要預支成本的，一旦答應，即使是很糟糕的場面，她也要硬著頭皮撐到底。所以，對於沒有足夠了解的「搭訕犯」，美眉會非常非常謹慎。

其實，搭訕只是結識對方的起點，如果你眞想增進彼此的交流，就要通過搭訕將不期而遇的心跳變成邂逅。因此，一旦開始的交流是愉快的，我們不妨就跟她多坐幾站車，多走幾里路。要明白，沒有這多出來的半個或一個小時的交流作爲鋪墊，就很難有美好的將來。

至於那些執著於讓對方留手機號的搭訕者，相信他們很快就能體會到手機裡一堆美眉的電話號碼，但一個也約不出來。而有了第一次的充分交流後，接下來給對方發簡訊或者打電話時，才有空間施展自己的口才與幽默。

9．地緣搭訕學

很多「搭訕犯」可能都有一種感覺，即不同場所的搭訕成功率是不同的，而規模化密集式的搭訕活動更證實了這個感覺的正確性。對於這種現象，可以用「乞丐同情心」來解釋。比如，同一個扮相的乞丐，我在鬧市區和居民區遇見，被激發出的同情心是有差別的。這種同情心來源於兩個方面，一是對乞丐身分眞實性的認可，二是對自己施捨重要性的評估。

這兩個因素都會收到環境的影響，越是在鬧市區，越容易覺得那個乞丐是在「演戲」。同時，即使他眞的是窮人，我們也不覺得自己的幫助對他有多麼重要，反正周圍人多的是。事實上，美眉對待前來搭訕的男人也會有同樣的心理活動。例如，在美女眾多的繁華地段和美女搭訕。她們一方面可能會想：「這傢伙是不是專門在這裡搭訕女孩的。」另外，她們也可能會懷疑：「我在他眼裡眞的很特別嗎？」

相應的地緣搭訕理論可以這樣表述：在那個場所，你出現的理由越自然，你所屬的群體越明確，那麼你搭訕的成功率就越高。一般來說，從易到難是這樣排列的：學校——辦公室寫字樓——住宅區——交通樞紐——商業區。

另外，「搭訕犯」跟乞丐的不同在於，會多出一個干擾身分的因素。乞丐就是乞丐，往地上一跪，誰也不會把他當成賣藝的。但「搭訕犯」經常被誤會成推銷員。所以，在商業區搭訕時，我們最好要考慮一下附近有沒有髮廊和美容院。對於乞丐來說，商業區就是最好的工作地點。因爲雖然路人對他的同情心並不一定都很強，但人多基數大，最後收益也大。可「搭訕犯」就不同了，不停地被拒絕，其實是一件讓人沮喪的事，更別談從搭訕中獲得樂趣了。

最美好的搭訕都是發生在不經意之間，或是剛剛出門或是就要回家，蜻蜓點水、水到渠成、翻江倒海、盪氣迴腸……所以說，搭訕眞正的樂趣還在於合適的場所和及時的交流，而不是僅僅討到電話號碼，否則的話，地緣搭訕學就是化緣搭訕學了。而且你搭訕的話題一定要精準，看什麼場合用什麼話題，只要自己能夠成功將搭訕進行到底，那麼日後的搭訕將會越來越順手。

搭訕要學會隨機應變

很多人搭訕都能輕而易舉地成功。只要掌握了搭訕的祕訣，無論是結識朋友還是求職應聘，都不是太難的事情。

繼續提高自己吧！把搭訕看成一種樂趣，不論得失成敗，僅僅搭訕這個行動就能讓你很快樂。明白了這個道理，再搭配合適的話題，成功便不遠了。

搭訕不要太遵循死板的道理，要學會隨機應變。每個人都有自身的弱點，只要抓住搭訕對象的弱點發起攻勢，那麼搭訕將會變得相當容易。

絕對要遵守的搭訕禮儀

搭訕要穩健，切忌在「求快」上栽跟頭。你不要以爲表現出著急的樣子，就能給異性你很在乎她（他）的印象，第一次搭訕絕對不是你應該證明這一點的時候。

如果是男搭女，說開場白時，不宜在她背後，更不宜擋住她的去路。假如你是從她身後接近她，可以穩健地走到她的左前方或右前方。還可以加上手勢，比如，對著她伸出手，手的高度與腰部相同，手心向下。這時再開始你的開場白。

最好能讓她停下來跟你交談，而且，最好能讓她轉離她原來的方向一些角度。比如你一邊自我介紹，一邊繞著她邁一兩步，讓她自然而然地轉身面對你。身體語言的改變，有助於她改變角色——從原本趕著去做那件事改變爲做這件事（認識你）。否則，即使她對你不反感，但她原來就計劃著要去做某事，你這一出現，她的思路還沒換過來，她已經走離你幾步了。若你們是迎著面，不要完全正面對著她走向她，要錯位斜對著她，大概是肩膀對著她，慢走著接近她。

這些身體語言的處理都是爲了減少女性對陌生男性的恐慌，讓她更有安全感。最好你能讓她覺得你隨時可能要離開，這樣她就會更相信你並沒什麼不良的企圖。

交談時，如果她往後仰甚至是往後退，你不要向前逼進，保持靜立，或一邊說話一邊上身慢慢往後仰一點點，只有當她傾過來時，你才靠近她。並且你要注意，搭訕時，不要去碰觸她身上的任何部位。要是她明顯不願意聽你說話，甚至擺擺手轉身就走，你還是放棄吧！

那麼，在搭訕的過程中，如何判斷出她是否對你有好感呢？

一、眼神──從她的眼神以及你們的眼神交流中，來判斷你的搭訕是否成功。

二、回問──一般來說，你們的對話大都是你問她答。如果她回問你問題，就是好資訊，顯示她對你有一定的興趣。她越是多次回問諸如：「你做什麼工作」、「你什麼專業的」、「你是哪裡人」、「你畢業多久了」之類的問題，就越是好兆頭。

三、回答的詳細程度──比如問她是什麼專業，她連哪個系幾年級的都告訴你，那當然是積極的反應。

四、接話題──不管你隨便聊什麼，她都願意順著你的話題往下聊，這是好兆頭。

五、放電──下面是女人常用的放電信號。

(1) 頭髮：對著你擺弄頭髮。

(2) 嘴唇：對著你塗唇膏。

(3)下巴：用手托著下巴，帶著笑意看著你。這是一個人進入沉思的表現。這時候不要打斷她，注視著她的眼睛微笑。

(4)頸部：輕撫頸部。這本是尷尬時候的做法，可是現在女人們在放電的時候也會偶爾運用。

(5)身體：挺胸收腹，顯露身體線條。

(6)眼神：明亮深情的目光，睜大眼睛，凝望。

另外，在搭訕的過程中一定要講禮儀，這裡列出十個常見的搭訕禮儀。

一、搭訕一定要去搭自己想認識的對象，心正意誠，給人良好的感覺。

二、最好不要在對方說話說到一半的時候打斷。

三、千萬不要和對方有肢體上的接觸，以免對方對你的人品產生懷疑。

四、和對方保持一定的安全距離（差不多一個手臂伸直的距離）。

五、將自己的手機關機。跟對方說到一半的時候，自己的手機響了，多不禮貌呀！搞不好鈴聲還會讓你突然忘了該說些什麼，徒增尷尬。

六、被人家擺臉色時，也不要老羞成怒，口出惡言。對方態度不好，是她的問題，你只要做好自己（合宜的舉止，整潔的儀容），跟她說聲「謝謝」後，就轉身離開。

七、跟隨的時候，不要被對方發現，否則會被當成跟蹤者，形象全毀。

八、想和走動的女生搭訕時，切忌跟在她左後方跟她說話，宜快步向前，站在她的左前方，回頭轉身再跟她說話。站在正前方擋住她的去路，會增加其抗拒感。

九、主動結束話題，搭訕時間不宜超過10分鐘。但如果她的反應熱烈，你就無需拘泥，只管跟她聊下去即可。

十、要到電話號碼一定要打，猶豫會毀掉你與她的交集。

另外，還有一些小地方需要注意——

(1)大家都要有意識地培養敏銳的觀察能力。不僅要不露痕跡地觀察她的穿著打扮、背包首飾、氣質舉止，還要注意她手上提的東西、她正在看的書報。這些在你和她搭訕時能提上關係就提，效果不錯。

(2)要想由上往下地打量她全身的話，只能在她後面時才可以。否則，你在她視線範圍內，即使你再謹慎，即便她沒看著你，她都可能覺察得到。

(3)搭訕熟女時可以直接表明來意，誠實說出你想認識她的意圖。

(4) 搭訕後即使沒什麼聯繫，能幸運再相逢的話，約到她的成功率會很高。害羞的小家子氣女生，遇到搭訕，她可能笑著跑開。這不是什麼壞消息，顯示出她對你的印象還好。下次再相逢時，先不提上次搭訕的事，直接跟她打招呼。如果她問你是誰（她很有可能模糊地記得你，但她還是會裝作不記得），就告訴她你跟她打過招呼，很高興能再見到她，然後繼續聊下去。你表現得越是自然沒有壓力，對方也會越是覺得自然沒有壓力，所以關鍵是調整好你的心態。你愈是理直氣壯，自以爲是地直接把她當成朋友般來說話，她也就愈會順著你的話來和你交談。

曾經有一篇關於世界各地男人風度的報導，內容大致如下——

英國男人優雅，法國男人浪漫，德國男人嚴謹，美國男人大度，而中國男人呢？有風度的少得可憐。西方男人眉骨突出，鼻梁高挺，身高腿長，個個相貌堂堂，英俊挺拔，兼之大多參加戶外運動，健壯的身材配上太陽曬出的古銅色皮膚，鬍子要麼刮得乾乾淨淨，要麼修得整整齊齊，上班和參加社交活動時穿西裝，領帶繫得整整齊齊，禮拜天戴上棒球帽，穿上T恤和卡其長褲參加運動。

西方人有餐桌禮儀，餐巾鋪在腿上，刀叉按順序擺放，吃的時候刀叉不應碰得盤子響，喝東西的時候不能發出聲音，葡萄酒倒一點到酒杯輕輕搖晃，然後放在鼻子底下聞聞酒香。

西方男人注重公共道德，公共場所不隨地吐痰，不亂扔垃圾，儘量不打手機，說話盡可能小聲，上萬人的網球場兩個人說話也是竊竊私語，排隊的時候儘量和櫃檯前面的人保持距離，尊重別人隱私。

西方男人尊重女性，在古代他們會拔出利劍，保護女性，這叫騎士精神。現代西方都是民主與法治國家，不再需要男人們拔劍，於是騎士化身爲紳士，各種場合下都是女士優先，任何情況下都不拒絕女士的要求，這叫紳士風度。西方男人浪漫，求婚的時候，他們會在聚會上當眾向自己的心上人單腿跪下，拿出訂婚戒指，深情地說：「親愛的，嫁給我，讓我們共用一生的幸福。」

西方男人結婚後依然浪漫，結婚紀念日他們開著凱迪拉克或帶上妻子看一部愛情文藝片，或去夜色下的海灘舊夢重溫，西方男人在妻子有外遇的時候會很平靜地說：「爲什麼，親愛的？難道你不再愛我了嗎？」

西方男人尊嚴至上，他們會說：「拔出你的劍來，我要捍衛我的尊嚴。」中國男人會找一幫狐朋狗友：「這個人跟我過不去，哥們幾個今天幫我解決一下。」這太沒風度。西方男人崇尚尊重，他們會說：「我不同意你的觀點，但我會堅決捍衛你言論自由的權力。」

西方男人崇尚平等，他們無論見了誰都是一副自信的微笑，中國男人呢？見了領導一臉媚笑，見了窮人一臉冷笑，見了女人一臉淫笑，怎麼這麼沒風度？西方男人自尊自信，不屈從強者，任何時候都敢於表達自己的不同觀點。

有的人會這樣形容兩個人的關係：「我經常看見她（他），覺得很有好感，然後朝思暮想，精心計劃，希望能夠相識相知。」導致這個誤區的罪魁禍首就是那些小說、電影、電視劇，這些作品在給人們帶來關於愛情的美好憧憬的同時，也為世界製造出了更多冰冷殘酷的現實。

這就像初次買樂透的人，總覺得自己手裡這張中獎的可能性要高過別人，在臨近開獎的那段日子，怎麼看怎麼覺得這張花一百塊錢買來的樂透，關係著自己將來的億萬身家。可實際呢？獎一旦開出來，人就清醒了。

或者另一種情況：你從一副撲克牌裡隨機抽出一張，不看牌面，心中反覆猜想它會是什麼花色、什麼數字，然後再翻過來，希望正好就是你猜想的那張。大家可以看出這樣的機率其實很低，可是一旦變成搭訕的事情，有人就分不清了。總覺得只要對自己看中的那個人採取了正確的方法，她（他）就有可能也對自己回報同樣的好感。

其實你看到的只是她（他）的表面，就如同你看到的只是撲克牌的背面，以及樂透的數字而已，也許那組數字會讓你覺得很有緣分，但是這跟你能否中獎沒有任何關係，這根本不是由你的努力決定的。

理論上，你跟她（他）搭訕的成功率基本等同於你跟她（他）這一類人搭訕的成功率。這個成功率一部分取決於你的社會角色和這類人的社會角色的關係，另一部分取決於你天生的外貌。這其中，男搭女時社會角色的比重大些，女搭男的外貌因素占的比重大些。總之，這兩項之和就已經決定這個成功率的90％，其實你搭訕時的機智和自信只起了不到5％的作用，其餘的就完全屬於運氣。

可是，各種各樣的搭訕教科書總會誇大這5％的作用，書中強調只要方法正確，人人都可能成為「萬人迷」。由於人在閱讀的狀態下通常很自我，所以這時候特容易被這種觀點所鼓舞，覺得自己的「小宇宙」是多麼多麼強大。可一旦合上書本，回到紛紛擾擾的現實之中，立刻就明白自己的藐小無力了。所以，你要想提高搭訕成功率，就應該在適合自己的目標人群裡多多嘗試，認清自己的現狀比幻想自己能成功要有效得多。

在和陌生人搭訕的過程中，一個人不斷吸取經驗、提升個人魅力和語言表達能力，加強把握人際心理的能力，對今後生活和事業都有很大的幫助。

搭訕禮儀知多少

1. **不要張口就評論他人**。像說人家的衣著品味，對人品頭論足的人，是難以贏得他人好感的。相反地，在搭訕的過程中，穿插著誇對方幾句，別人會覺得你很有品味，並且你的風度會相應地得到提升。

2. **語言一定要得體**。搭訕是一個人對另一個人的賞識過程。如果搭訕的時候張口閉口髒話連篇，那麼怎麼能得到他人的賞識呢？

3. **千萬不能將自己和對方的某個朋友或家人做比較**。既然他們能成為對方的朋友，那麼自然有她的道理。所以，「我比他強」、「我穿的比他好」、「他學歷沒我高」之類的話，就咽回去吧！

4. **切記不要講故事**。有些搭訕者在沒有話說的時候，喜歡給對方講故事，有時候一場約會就成了故事會。會講故事自然是好事，但是人家和你說話是想要了解你，那些美妙的故事，還是留著以後慢慢用吧！

5.**不要問人家的隱私**。第一次見面，你只要談一些大家都能接受的問題就好，千萬不要涉及別人的隱私。不要問「你家在哪」這樣的話，以免對方覺得你另有所圖。不過，如果對方相信你，那麼問一問也沒關係。

6.**明確接近對方的目的**。有很多人與人搭訕後，漸漸沒了音信。存在的問題就是，搭訕那天，他能知道自己的目的，之後就忘得一乾二淨，然後逐漸忘了被搭訕者。這是「搭訕犯」的致命缺陷，所以，這點一定要弄清楚。

絕對不能越過搭訕雷池

搭訕要注意的事情很多，如何讓搭訕時的話題有趣很重要。如果勇氣已經過關，開口之後也沒被拒絕，那麼接下來如何做到滔滔不絕又能讓對方感興趣呢？

這幾乎是每一個入了門的「搭訕犯」，都會遇到的問題。於是有人建議博聞強記擴大知識面，有人建議多背些笑話培養幽默感，還有人想整理材料把聊天變成套路。

其實，這些辦法都多少有些不著邊際，博聞強記不是一朝一夕就能見效的。如果你毫無幽默感給他（她）講笑話，在對方眼裡，你不過是個答錄機，套路用久了你會覺得自己像個機器人。

事實上，我們只需要用眞實的自我去搭訕，在如何聊天才會有趣這個話題上，更是如此。回到根本，這是發生在搭訕時候的一個問題，那麼在這個時候一個人的興趣點有什麼特殊之處呢？

其實，在搭訕時每個人的興趣點非常單純——就是搭訕雙方。主動搭訕者自然不在話下，他是因爲對對方抱有興趣才去搭訕的，如果被搭訕者接受了搭訕的話，往往也是因爲一定程度上對搭訕者產生了興趣。

這基本可以算是人的一種本性。就像有些時候我們喜歡獨坐咖啡廳，喜歡觀察來往的匆匆行人，不是因爲我們有多愛他們，就是好奇而已。她（他）是誰？在過什麼樣的生活？從哪兒來，又要到哪兒去？跟我有什麼相同又有什麼不同？

這不屬於對明星名人的八卦心理，僅僅是作爲社會性的動物對與自己相似的個體的一種興趣，其實質是一種特殊的反觀自照，只不過在忙碌的生活中經常被人們忽略罷了！而當遭遇搭訕時，往往可以喚起這種好奇。

一位女士曾經被一個做安麗的年輕人在路上搭訕。年輕人以假裝問路開局，然後讚美該女士國語講得標準，建立了一定的舒適感。舒適感建立之後，他就坦言自己的職業，同時向該女士討要電話號碼。很不幸，這個搭訕以失敗告終。

我們不妨總結分析一下，故事中的年輕年該怎樣搭訕才有可能在那位女士那裡實現推銷自己產品的目的呢？其實，一個人走在路上，有人過來推銷產品，這個人肯定不會感興趣，也不需要對方來講幽默笑話，更不用聽其分析國際形勢。

只有一個話題在這種時候可能引起路人的興趣，其實也是推銷員最容易講得精彩的，那就是做安麗的酸甜苦辣，以及在街頭與人搭訕的心情和遭遇。這是他最眞實也是最有趣的生活，如果能聽到這些，對方很可能會慢下腳步。但是可惜的是，上面事例中的推銷員沒有給那位女士講這些。

其實，我們每個人最熟悉的就是自己，最擅長描述的也是自己。但不知爲什麼，這樣的時刻總是深藏不露。多數時候，我們總是力圖去模仿很有成就的人，和對方談論很「牛」的事，可往往那卻是最傻的自己。許多人都是成爲朋友之後才變得有趣，因爲那時的他們才開始表現原本的自己。

當一個人開始談論自己和表現自己的時候，其實也是獲得安全感的標誌。一個搭訕老手就曾說：「開始搭訕時多數是我在說自己，再次約會時往往就變成多數是對方在說自己，我想這就是用自己的誠懇換取了對方的信任吧！」

那麼，如何描述自己才能有趣呢？

關鍵就是眞實以及細節——眞實的樣子、眞實的感覺和眞實的過程，並且把這些細緻入微地表現出來。乏味的人往往是千篇一律的，而有趣的人卻各不相同，因爲每個人本來就不同，乏味的其實只是看待自己的方式。

例如，當對方詢問你的職業時，你可以只回答一個詞——經紀人，也可以把這三個字加上一些豐富的內容，將其變成一個關於理想與現實的成長故事。前一種回答只說明你是千千萬萬經紀人中的一員，後一種回答卻秀出了一個獨一無二的自己。孰優孰劣，一目了然。另外，你也要提醒一下，別只顧著表現優點，那樣容易顯得做作和自戀。

還有一項有效的輔助訓練，那就是寫作。一個人在寫作時，往往會對自我有深入的關注。「我是誰？」「那一刻我到底是怎麼回事？」這些思考過程以及答案都是有價值的，再用到平時的搭訕聊天中，往往能形成有趣的談資。

搭訕跟約會聊天是有區別的。約會的前提是，雙方已經有了基本的信任和了解，所以約會時可以天南海北隨意說，而搭訕時最好的話題就是從談論自己開始。仔細想想，當你去詢問對方的生活和愛好，然後馬上把她的生活和愛好說得生動有趣，這個難度其實很大；相比之下，還是講自己的故事更容易出彩。此時此刻，也許人家的那點兒興趣也在這裡，否則連講話的機會都不會給你。最後還要提醒一點，沒有能讓所有人都覺得有趣的話題。保持並展示眞實的自我，正好能篩選出眞正對你感興趣的人。

在搭訕實踐中，如果你有機會近距離地觀察「搭訕犯」的緊張反應，一定會發現其中是有跡可循的。按照心理動力學的方法，搭訕時的緊張可以分成兩種：開始前的緊張和開始後的緊張。開始前的緊張本質上是讓當事者逃避行動，而開始後的緊張其實是讓當事者迴避責任。

就像發炎時是身體的免疫系統會自動保護一樣，人的不良情緒也是一種防禦機制，保護我們的生理和心理不受進一步傷害。比如，恐懼可以使我們的身體遠離危險。而搭訕時的緊張能讓我們遠離失敗，以及搭訕後的負面評價，防止產生自我認同危機。

相對而言，搭訕開始之前的緊張比較容易理解，比如：臉紅心跳、腿腳痙攣。還有就是貌似合理的藉口，比如：「開場白說什麼好呢」、「我今天先觀摩一下」、「等我抽完這根煙」……總之沒有開始，「我」就不用面對失敗了。

接下來行動之後，如果對方的態度不友好，另一種緊張就開始緊急啓動，其中的內在機制更加隱祕。我們經常可以看到，一個平日裡沉穩成熟的小夥子，面對他心儀的女孩時，立刻就跟換了個人似的，變得支支吾吾，或是抓耳撓腮，根本就不像個大男人。

傳統的解釋把這些反應看成是不自信的結果。但是，用「不自信」作爲「緊張」的原因，其實等於什麼也沒說。「緊張」是另一個心理過程的開始——當面對困境和壓力時，每個人其實都會「縱容」自己的緊張，通過緊張時的表現給自己戴上一個不成熟的面具，從而讓那個脆弱的自己避免承擔責任。

我們不妨把這種緊張的表現稱做「兒童化」反應。這種情況在生活中隨處可見。比如，面對領導、上級、長輩的權威，有人會語調變得尖細，神態故做天眞，動作顯得笨拙。這種「低」和「幼」的姿態，既能讓對方獲得足夠的尊敬和安全感，也爲自己可能出現的錯誤預備好臺階，一直是被傳統文化所接受的行爲模式。

搭訕不僅僅是來學習如何結識陌生人，同時也是在完善自我。在向陌生美眉搭訕的瞬間，我們的成長過程中所形成的幼稚的、非理性的觀念和習慣得以彰顯，能夠認清並改掉這些問題所帶給我們的快樂，一點兒也不亞於要到一大堆電話號碼。

從這個意義上來說，自信已經不是得到外界認可的手段，而是自我接受、自我成熟的標誌——「我」在任何情況下都能保持一致，這本身就是目的。

女人拒絕男人可以分成三種——

(1)「太可惜了，我要加班。」——主觀上是願意的，只是客觀情況不允許，表明她還是有些在意你。

(2)「今天不想出門。」——她居高臨下，你無足輕重。

(3)「我要加班。」——迴避主觀表態，一般平等的關係會這樣說話，最多加一句「不好意思」，以示禮貌。

地鐵的月臺上，阿浩在搭一個亭亭玉立的美眉。

雙方進行了三分鐘貌似親切友好的交談。

「把你的號碼告訴我吧！」阿浩很自信地提出了要求。

「我沒有手機。」美眉微笑著說。

「所以，我要接著問你有沒有MSN之類的，你肯定告訴我，你也不用，對麼？」阿浩心中有些不滿。

「是的！」美眉不爲所動。

很顯然，美眉說自己沒有手機是假話，但此時硬要指出她說謊似乎顯得無趣。那麼這種情況究竟應該怎麼應對呢？

曾經有美眉說過，遇到特別自信的男人前來搭訕，她們有時就會用這招——「我沒有手機」。讓我們重返「案發現場」：那是一個很出色的美眉，身材高挑，衣著時尚，談吐大方，鶴立雞群。同樣，身高一八〇的阿浩也是器宇軒昂。這對金童玉女站在一起，一度羨煞了旁邊等地鐵的其他男士。

其實，阿浩遇到的難題，很可能是條件非常好的「搭訕犯」才有的專利。阿浩良好的外型以及他自信的態度，引發了一個好強女人的競爭心理。她心裡會說：「你以爲這樣你就可以毫不費力地認識我嗎？」

所以，聰明的她會甩給你一個難題，應對得當就繼續下去；答不上來的話，「哼哼，對不起。」相反，其貌不揚的「搭訕犯」卻不會被美眉叫板。「我沒有手機」與「我要加班」，表面上看是一樣的，是平等的拒絕，其實是一種變相的揶揄。因爲這是一句特別明顯的謊話，可你就是無可奈何。

此處的關鍵就是「我沒有手機」（潛臺詞是你甚至都不值得我去找藉口），而例如

「我的手機丟了，最近想換號碼……」便是通常意義上的委婉拒絕。所以，如果接著問：「那你有MSN嗎？」顯然就太不上道了。此刻，要號碼已經不是目的，反打壓才是重點，並以此表明你是個與眾不同的「搭訕犯」。

阿浩也許可以這樣接住美眉拋來的難題：「我一直覺得沒有手機的人超凡脫俗，認識你很高興，我叫阿浩，你呢？哦，對了，你不會連名字也沒有吧……」聰明的美眉往往也大度，這樣的回答很可能非但不會讓她生氣，而且還極有可能引發出雙方之間更多的話題，以及更多有意思的思想和智慧上的交鋒。

幾個搭訕的小竅門

有些人被灌輸了「搭訕的人都是壞蛋」的思想，以致他們的防範心理很強。面對突然而來的搭訕，可能你說一句她就反駁一句，這就是在考驗你的應變能力。不要有問題就逃跑，怎麼解決才是最重要的。這裡有幾個搭訕的小竅門。

1．說話要有禮貌。首先，對待有禮貌的人，被搭訕者的防範心理，就會減弱甚至消除，那麼，她也會客客氣氣地和搭訕者說話。

2．對於被搭訕者的不禮貌行為要包容。對方越是不禮貌，你就越要朝她微笑，這樣她也就沒有了發火的理由。

3．**有時候失敗並不是真正的失敗**。女人們天生喜歡考驗自己心儀的男人，有時候她們揚言討厭你，可能是想知道你對她到底是不是認真的。所以不要急於轉身，先解釋一下，然後心平氣和地談話，找到處理的方法。

4．**初次見面不要說敏感詞彙**。想必這個大家都懂，無論在哪裡搭訕，千萬要記得，女人是最敏感的生物。

5．**假如人家拒絕你，切記不要發火**。是你主動和人家搭訕，人家不想讓你搭也是情有可原的。所以，給人家一個否決你的機會，千萬不要發火！

6．**搭訕的時候真誠一點**。在搭訕的時候吹噓自己，只會適得其反。把自己的地位變得很高，就是在兩人之間挖掘鴻溝，是在為成功搭訕製造障礙。

總之，要記住，搭訕無所謂安全，也無所謂危險。所謂搭訕的雷池，只不過是些你所不注意的事項而已！

搭訕的精密內容培訓

曾經看過這樣一句話：搭訕就是跟陌生人建立安全感的遊戲。搭訕過程中的安全感分爲兩個階段：先是搭訕者的動機正常，再者是搭訕者的人格正常。

所謂動機正常，就是上來就要讓被搭訕的美眉明白，你不是推銷的，不是行騙的，只是被她的外表和氣質所吸引，然後過來認識一下。有的男人卻非要裝正人君子，裝模作樣地問路、求助，直到山窮水盡才露出醉翁之意，這樣反而讓美眉覺得不自在。

如果你表明動機後，美眉沒有立即拒絕你，接下來就進入建立安全感的第二階段。雖然愛美是人的天性，但不等於你人格的其他方面也能讓美眉相信。美眉會繼續擔心：他是個馬路求愛者？是個好鑽牛角尖的偏執狂？是個沒見過美女的老土嗎？是個自言自語的行爲藝術家？所以，接下來你的表現很重要。

很多「搭訕犯」在第二階段慘遭淘汰，原因不是他們的人格有缺陷，而是由於錯誤的言行可能讓美眉產生誤會。許多男人在第二階段會立刻滔滔不絕，或者展現才情，或者表現得很激動，有的甚至暗示自己的財富地位，總之，就是想在最短時間內給對方留下最好的印象，但效果往往適得其反。因爲美女們並不期待地鐵裡會鑽出一個青蛙王子，更不指望在街角遇到個羅密歐。搭訕，也就是認識一下而已！

所以在第二階段，你可以跟對方聊一些簡單的話題，不要涉及過於尖銳的觀點、過於複雜的邏輯、過於深刻的感受、過於跳躍的時空。你們可以談一些近在眼前、觸手可及的事物，讓兩個人的對話在輕鬆隨意的氣氛中有來有往，這樣遠比用內容製造吸引更穩妥、有效得多。

有人喜歡在開口之前，通過觀察美眉的穿著和神態等等，來推斷搭訕的成功率，或者通過眼神交流來提高搭訕的成功率。但大量實踐證明，這些其實都屬於臆想。成與不成，只有開口才見分曉。所以，關鍵的是要注意觀察開口之後對方的反應。在搭訕之前，我們唯一要關注的是美眉的行動，以確定出手時機。

對於搭訕，出手了就不要半途而廢。那些搭訕的契機，在自己準備上的時候，就不要輕易放棄。我們總是在追尋搭訕的小過程，那麼，搭訕主要還是得看自己，不要再問搭訕能得到了什麼。要知道你自己快樂才是最重要的。

「搭訕犯」要對自己搭訕的對象負責，既然你跟她搭訕了，就要在你的範圍內保護她，這是紳士的「搭訕犯」自身的修養，也是對一個人人品好壞的分析。

很多人都想迅速成為搭訕的高手，但是總是不知從何入手。相關的書籍、文章看了不少，但是能力沒有提升多少。究竟問題出在哪裡呢？其實，很重要的一點就是你必須明白你搭訕的目的是什麼。很多人之所以不敢邁出第一步，很重要的原因就是得失心太重。萬一失敗了怎麼辦？幻想著跟她（他）搭訕後，將會如何如何……

1．搭訕之前的心理建設

(1) 你認識的是一個人，而不是某個職業、身分。所以不管對方是什麼身分、職位，她（他）在你面前只是一個人而已。不要被其他外在條件唬住，變得沒有交往的勇氣或者不屑理會。

(2) 不要老是想著該聊什麼話題，如何表現等等。雖然第一印象相當重要，但是你在別人的心目中未必有那麼重要，不要把自己看得太重了！

(3) 開口，反正也不會吃虧，可能就多一個朋友，最起碼還可以學到一些東西；不開口，你什麼都得不到。

2．基本原則：開口，開口，開口

(1) 三秒鐘原則。三秒鐘之內開口，不然你可能永遠失去開口的勇氣或者機會。

(2) **廢話原則**。很多人總是想著幾時開口，如何開口，但就是不開口。等他想好臺詞，良機也過去了，勇氣也沒有了。事實證明，最笨的方法往往是最有效的方法。一句「今天天氣不錯」看起來很笨，甚至令你也感到尷尬。但是往往對方看到你尷尬，反而會找一些跟你聊，免得你尷尬。其實，只要打破原有的平衡、原有的氣氛就好。重要的不是說什麼話，而是要打破平衡！

(3) **靈活原則**。說什麼不是最重要的，重要的是對方的反應。所以，你說的一切，都要隨著對方的反應而變化。

(4) **適當示弱**。這有很明顯的好處，即對方容易放下對你的防備。比如問路，招數好像很舊了，但是爲什麼還是那麼好用呢？就是因爲它是示弱的一種方式，對方感覺自己處於強勢，自然就不會過於防備。

(5) **顯示高價値**。這個步驟是不能省的！假如你沒有顯示高價値，那麼成功要到對方聯繫方式的機率是很低的。這個需要你在談話的過程中，懂得抓住對方的需求點，然後再根據對方的需求點顯示自己的高價値。

還有，先把自己介紹出去，這一點也是很重要的。在交往的過程中，適當地做些自我介紹。就算對方好像不想理你，你自顧自地說就是了。其實，對方是在聽的，只是不好馬上就和你聊聊而已！所以，懂得巧妙地顯示高價值很重要。另外，名片也很有幫助，這個在這裡就不詳述了。

3．如何拿到對方聯繫方式

這一步千萬不要漏了，辛辛苦苦說了半天，無非就是要留下對方的聯繫方式，不然所有努力就白費了。

留號碼有一個基本原則就是：讓對方留下自己的電話！「我的號碼是……，你記一下。好了嗎？你撥一個過來吧！」總之，自己要強勢一些。不然以後打電話過去，不爽的將會是你。

你的對手不是她（他）

生活中常有這樣的情景：一個平時也算有魅力的男子，一旦面對自己特別中意的女孩，立刻變得像個木瓜。這其中的原因就是，雖然他具備不錯的自然條件，但在骨子裡的觀念上，跟大家都是一樣的。

坦然接受自己的一切，包括缺點，才是讓你把錯誤降到最少的捷徑。錯誤最少的人就是最後的勝者，你的對手不是搭訕對象，而是那些跟你一樣追求她（他）的人，以及你自己。

最佳搭訕地點和場景

總是會聽到有人說不知道在什麼地方搭訕最好，其實每個地方都有其獨特且有利的搭訕條件。搭訕的時候，最好先分析一下所謂的「天時地利人和」，再做出行動。

下面就爲大家提供一些搭訕的較佳場合。

1．大學校園

校園是一個比較單純的環境，因此女生對異性的搭訕會感到放心。圖書館自修室是學生集中的地方，流動性也不強，可以讓你好好把握時機。但是你最好不要在搭訕目標看書的時候去打擾她，建議等到她在書架找書的時候，或在飲水機、廁所旁等地方製造偶然碰到她的機會。

你可以先找一個離目標近的位子，坐下來看一會書，再向她借筆或紙。然後繼續看你的書，等她起來出去時，你找一個能在教室外面碰見她的機會，向她道謝，這樣你就可以順理成章地開始搭訕了。

你也可以在她離座出去時，放一張紙在她的座位上，寫上諸如：「你的頭髮護理得很好啊！」表示你想請教她護髮的經驗。再附上你的聯繫方式，建議你寫上手機號，她往往會回你短信。

還有，別忘了查看校園裡的講座安排，另外學校周圍的咖啡店、圖書館、戲劇院、披薩店、酒吧和商店也都是最佳搭訕的地點。

2．圖書館

你要去擺放女人感興趣的書的區域。查看一下時間安排表，看看什麼時候有很多女人會去參加的講座。下面介紹一個圖書館搭訕的方法。

一、要做好前期準備。

①踩點，哪裡美女多就往哪去。

②有些圖書館有箱子，你可以在那先占個箱子，放上飲料和零食。如果美女和你是

同桌，你們在一起自習好幾次，你就有機會了。

③帶上一本新的草稿紙和筆。

④選準目標，在目標對象附近找個座位，最好是在側對面找。如果沒有，坐在其左右也都可以。

⑤檢驗。你可以裝著去洗手間洗手或上廁所，檢驗一下目標長得是不是你很心儀的那種，有時候難免有看走眼的時候，盲目的搭訕是無謂的。

二、先在她旁邊坐一會，就開始進攻。

1．直接寫紙條。

根據不同的搭訕對象，可以寫不同的內容。

①同學，你好有氣質，可不可以認識一下，交個朋友？如果可以的話，請把你的電話號碼寫在這張紙上。如果不可以，就當什麼也沒發生。

②同學，你好有氣質，我在你旁邊看書都有點兒心不在焉了，可以認識一下、交個朋友嗎？差不多就是這些了，寫紙條的成功率大概是70％，因為美女們會有戒心，除非美女很空虛，否則……

2．更高級的一招，問話式，成功率98％以上。

①看她在看什麼書，如果是醫學的話，你就問她：「嗨，你是學臨床的吧？」

②撿東西，借東西。

撿東西：故意把筆蓋掉在她座位附近，然後請她幫你撿起筆蓋，很有禮貌地對她說聲「謝謝」。記著要面帶微笑，之後你們就熟了。

借東西：「同學，可以借張紙嗎？」

借完之後，你把紙放在她的桌上，客氣地說：「麻煩你把你的電話寫上。」

她會不解地問：「爲什麼？」

你說：「下次我好還你。」

她說：「不必了。」（一般這時她會臉紅）

你就裝無辜：「不行啊！我沒必要因爲一張紙而欠你一個人情啊！」

3．書店

書店的環境能讓女性有安全感，而且愛看書的男人能給人不錯的感覺，所以書店是個搭訕的好地方。

你去書店時，最好先把整個書店快速地逛一圈。要是發現目標，就在她附近隨便挑本書，仔細確認她是否是你喜歡的類型（這也是書店的優勢，給了你足夠的時間）。

如果目標確定，你也找一本書，在她的旁邊看書，找機會觀察她看的是什麼書。你可以直接就書的內容、書名和作者跟她聊起，開場套話甚至都可略過，可以像兩個書友交流心得一樣展開你們的交談。

如果你看過相關書籍，可以推薦幾本給她。你可以說對她在看的主題很感興趣，讓她推薦幾本書給你。要是你能跟她交換閱讀心得，讓她覺得你們有共同的話題和興趣，那就太完美了。

4．公車上

在公車上搭訕是最需要勇氣的，因爲女人的警惕心在公車上是很強的。

公車搭訕有個問題要注意，亦即你擁有的時間不多，對方隨時都可能下車。建議你聊天時先告訴她你在哪個站下車，然後問她是在哪個站下車，這樣你可以在這有限的時間內，有效地把握搭訕的進度，在她下車之前要到她的聯繫方式。

如果你擁有的時間很多，或者不趕時間去做什麼事情，在汽車站牌看到你想認識的異性時，可以跟著對方上公車，然後坐在她旁邊，找機會和其講話。

在這種情形下，我們推薦「誠實搭訕法」。你可以告訴她你剛才在等公車的時候就看到她了，很想認識一下；最好再告訴她，你剛好去那附近辦點事，即表達出不是完全爲了跟她而上車，以降低她的戒心。這樣的說法，會讓女生覺得你比較誠懇。只要你能夠讓對方感受到你的誠懇，並讓她明白你跟她上公車的行爲，是沒有辦法中的辦法，那麼她就比較會願意試著和你從朋友做起。

在公車上和自己喜歡的異性搭訕，先要具備良好的觀察能力。如果對方的身上有什麼特別的飾品配件，例如漂亮的包包或服裝之類的，你都可以用來引起話題。另外，書本、手機、甚至她剛才和朋友在電話裡聊天的內容，都是你可以用來和她說話的藉口。

假設你聽到那個你想認識的女生剛和朋友說完話，而聊天的話題是《讓子彈飛》的時候，你就可以問她：「對不起，我剛才不小心聽到你和朋友在談《讓子彈飛》。請問你看了嗎？好看嗎？」借此開始你和她的對話。如果你自己看過這部電影，或者看過相關的書籍和報導，對方會特別願意和你聊下去，也會覺得這樣的搭訕是自然而然的，甚至是知性的，因爲你的博學和藝術涵養讓她印象深刻。不過，無論如何要記得，搭訕時不要想東想西，顧慮太多，否則會白白放棄了認識對方的機會。

如果你是用「稱讚搭訕法」和她對話的話，稱讚她的裝扮和服飾，也別忘了要把話題扯回「你想認識她」這個正題。否則聊了半天，你連她的姓名和聯絡方式都沒問，就變成「白搭」了！

因爲，在公車上和女生搭訕，變成白搭的機率非常高。對方很有可能在跟你說了兩句之後，就表示自己到站了，該下車了。這個時候，請你不要猶豫，趕快問她的聯絡方式，或者直接跟著她下車。

問到她的聯絡方式之後，自己再坐下一班公車。畢竟，公車走了一班，還有下一班，但眼前這個讓你驚豔的女生一旦離開你的視線，就可能永遠消失在你的生命裡。孰輕孰重，還需要多講嗎？

在公車上搭訕，其實也沒有想像的那麼困難，但是你必須先克服心中的恐懼。你不要害怕被拒絕，更不用太在意旁邊乘客的目光，以免白白葬送了千載難逢的機會！

5．地鐵上

這裡舉個成功搭訕的例子，來具體說明如何在地鐵上搭訕。

那是尼克放假的第二天，他在地鐵車廂裡遇到一個身穿黑色連衣紗裙的美眉。

這個美眉是尼克喜歡的類型，可愛的臉蛋、長長的爆炸絲髮型、大大的眼睛、櫻桃般的小嘴……尼克順勢坐在她的身邊。

由於是始發站，整個車廂只有他們兩人。他們也對過眼神，但他心裡還是很緊張，不知怎麼開場。幾站過後，車廂裡的人慢慢多了起來。尼克以爲自己完全沒機會和美眉搭訕了。

恰好這時走來兩個乞丐，尼克靈感一現，何不這樣開場？

尼克：「他們快要過來了，怎麼辦？」

美眉：「不要理他們就是了啊！」

尼克：「待會走到我們這裡來要錢的話，由你來打發他們好啦！」

美眉：「爲什麼？」

尼克：「我覺得我們在座的，只有你比較有錢！」

美眉：（笑了笑）「哪有，我才不會理他們了，好多都是假的，專門出來騙錢。好多騙子從偏遠山區把那些小孩、瘸子弄出來……」

尼克：「對呀！我以前看到他們還是挺可憐他們的，有一次當我在電視上看到曝光以後，再不可憐他們了……」

尼克：「對了，你是本地人嗎？」
美眉：「不是，我是紹興的。」
尼克：（驚歎）「紹興的灌湯包和臭豆腐很好吃……」
美眉：「應該是酒嘛，紹興的酒全國馳名！」
尼克：「嗯！要說紹興的酒，那還眞是了不起，女兒紅、狀元紅……對了，你在哪一站下？」
美眉：「我到人民廣場去轉車，乘2號線到……」
尼克：「我到火車站，不如你也到火車站換乘算了，我們多聊會兒！」
美眉：「呵呵，好嘛。你這麼晚了上火車，應該是到北方一帶吧？」
尼克：「嗯，我到河北。那裡有很多好玩的地方……」
他們就這樣盡情地暢談，美眉發出陣陣笑聲。
到了火車站，美眉提議要幫尼克拎東西，送他進站。他就請她幫自己拎攝影機的腳架。一路上他們又聊了很多。
尼克：「我覺得時間過得太快了，難得遇到像你這樣的女孩子做朋友！我就這麼走了，是不是有點可惜了？」

美眉：「呵呵！那你就不要走嘛！」

尼克：「不走的話，我的費用找誰報銷去？」

美眉頓時笑得前仰後合：「好了，不說了！快進去吧！」

尼克：「謝謝你來送我啊！」

美眉：「不客氣！你好幽默哦！我把信箱留給你吧！」

尼克：「好！那電話呢？」

美眉：「這個電話快換號了，等到了浙江我打給你吧！你的呢？」

尼克：「131……，趕快回去吧，要不就太晚了，你男友該不高興了！」

美眉：「暈！我還沒有男朋友呢！不和你說了。我走了！快進去吧！」

尼克：「好！拜拜！回去後聯絡你！」

美眉：「嗯，網上見！」

認識了這麼漂亮的一個美眉，尼克愉快地上了火車。

6．火車、飛機上

旅途中的人大多是寂寞的，在火車上或飛機上，只要你主動搭話，對方一般都是很高興的。

有個搭訕高手說，他在機場辦登機牌時，從不急著去排隊，而是先在休息區坐下來，當他看見佳人時，才趕緊走過去排在她後面。這樣，他就能和佳人的座位相鄰。

空姐通常對你的目的地城市很了解，所以你可以向她們詢問旅店在哪，或機場到旅店怎麼走，或附近有什麼飯店，或有什麼地方去等等作爲開場白。你也可以在機艙裡面四處走走，看看有哪個坐在靠道的女人對你微笑，然後走上去跟她聊聊天。

7．民間組織、宗教團體、政治團體、慈善機構

這些組織都會定期聚會，是結識陌生人的好地方。他們搞活動的時候總是需要一些說明，所以要利用這個機會，爲他們的活動提供義務幫忙，比如用你的車接送跳舞的人或者載東西等等。這樣，你就可以邂逅來參加活動的異性了。

8．燒烤、聚會、節日慶祝

如果你想要一個開場白，可以試著帶上蘇打水、啤酒或者烤架。既然你帶了烤架，你當然要忙著燒烤，這樣你就可以把烤好的食物分到異性的盤子裡，增加你與異性接觸的機會。

9．珠寶店、時裝表演、珠寶批發展覽會

在這些地方工作的女人都會穿得很漂亮，而且有時間跟你說話。這裡的女人喜歡華麗、昂貴的東西。所以，你不要穿T恤和髒兮兮的牛仔褲，要穿得帥一點。

10．健身俱樂部、體育館、舞蹈教室

記住，這些地方的女人都喜歡健美的男人。她們穿著緊身衣，她們知道你在看她們。在這裡認識異性更加具有私人化，因爲這裡只有一個教練對著你們大家說話，你可以很容易地接觸到其他異性學員。

11．研討會、公共演講、自助會議

這是一個認識新人的好方法，你將成為眾人的中心！你要準備早點去，在會議室外面的主席臺周圍走走，就會有機會與很多女孩子聊天。

在會上待久一點，而且要多提問，多留意並記住你看到的女人。如果研討會在酒店召開，會議結束以後，你可以到吧台看看有無你記住的臉孔。

如果你有專業技能，又擅長公共演講，你可以去圖書館或者大學開研討會。演講結束後，你可以留下來解答問題，與人們溝通一下。

12．博物館、古董店

在這兩個地方你要表現得高貴優雅一點。要多留意，記住你見到的女人，因為你可能稍後會在博物館裡的其他展室裡再次見到她們。你必須明白，你所見到的女孩，可能她也在檢驗你。

13．園藝展、花展、攝影展、藝術展

這些活動場合，總是能吸引很多女人，男搭女的機會相當多。在這些場合你能夠找

到受過良好教育、氣質優雅、自信的女人。

你可以去參加一個討論攝影作品的課程，或去參加有關攝影的研討會、講座或演講。如果你不認識那些藝術家或者作品，也要顯示出自信心。

當然，如果你與一名熟悉這個展覽會的女人搭訕，大可請她解釋給你聽。

14．室內樂演奏會、公園裡的音樂會

在這些場合，你也可以找到受過良好教育的女性。她們一般在聽覺方面比較敏感，跟她們搭訕時多使用聽覺方面的詞語，這樣更能獲得她們的好感。

15．講座、討論會

在這兩個場合，你可以結識有文化底蘊的女性，她們有的在圖書館工作，有的在婦女組織工作，有的在慈善機構工作。因此，你要特別注意自己的言辭，一旦你說錯話，你就可能會顯得沒有親和力，甚至失去了親近她們的機會。

16．靠近辦公樓、商業中心的用餐場所

靠近辦公樓、商業中心的餐館、食堂吃飯的女人，一般穿得比較漂亮，所以你也要穿著乾淨、體面的衣服。另外，女人喜歡買鞋子，她們在這方面是專家。所以，你別穿舊鞋子，否則她們肯定會注意到的。

17．家長會、操場、劇院

有一個小孩子跟你一起去就最好了。在這些場合，你可以遇到一些離異或者單身的女人。她們一般對感情專一、喜歡孩子、有財務保障的成熟男人特別感興趣。

18．教堂

在做完禮拜以後，你可以和爲你提供咖啡和餅乾的女服務員搭訕，詢問她在週末的晚上是否有其他的集會。因爲週末晚上的集會將比週日的禮拜更加私人化，同時問她是否需要週六早晨的義務銷售員。

19．自助洗衣店

帶著你的髒衣服去住所附近的洗衣店，那裡通常都有很多年輕的女孩子。

20．沙灘、游泳池

別忘了帶上防曬霜和太陽傘。當你正跟女人聊天的時候，如果你發現太陽曬到她了，你可以讓她到你的傘下面來遮陽。

你還可以到處走走，但要保持忙碌的狀態，打打球，扔扔飛盤，隨便做點事情，以便讓你看起來友好且平易近人。這將有助於你跟這場合中的異性搭上話。

21．馬拉松、騎單車、登山、單車旅遊、騎馬

在這些場合你可以見到重視健康和身體的女人。她們往往看起來十分健美。同時，她們也喜歡健壯的男人，她們中的一些人還特別喜歡騎馬、照顧馬，和教別人騎馬。

22．度假區、旅遊區

你會發現這些地方的女人喜歡玩樂和戶外活動。記住你白天看到的臉孔，因爲你可

能會在晚上碰到她們在吧台喝酒。

她們喜歡感性的男人，爲了接觸到她們，你可以把自己弄得感性些。出去旅遊的女人沒有什麼顧慮，她走出城鎮去放鬆，沒有人認識她。

23．購物中心

可以跟店裡工作的女人聊天，多試幾次，直到你找到對你感興趣的人。與她們聊天的最好時間是週一至週五的上午，這時候她們不忙。

因此，你可以約她出來吃午飯，或者在飯店用餐的時候可能剛好碰到她。至於女顧客，可以通過徵求她們的意見來打破沉默，認識她們。

24．超市、綠色食品店

這裡的情況跟購物中心一樣，用問問題的方式搭訕效果最好。晚上去比較好，因爲晚上沒有家庭主婦去買東西，而且比較安靜。在這裡，有一些女人不化妝，吃素，尤其喜歡吃豆腐，喝果汁。

25．單身派對、俱樂部、舞會

如果你參加派對，不管是在教堂做禮拜結束以後去喝咖啡，還是在節日慶祝、野炊、研討會/講座、咖啡桌、學校、跳舞教室或者跑馬拉松的時候，你都要主動幫忙。這樣你就處於一個——「有利的搭訕狀態」下。

要知道這些場景和地點選好後才能進入眞正的搭訕，根據不同的地點尋找搭訕的契機，並且按照契機謹愼進行，搭訕便沒有那麼恐怖了。聰明的搭訕者都明白，很多時候地點是最好的搭訕武器。我們完全可以把地點作爲搭訕的中心話題，如「這個地方你曾經來過嗎」、「請問××大街怎麼走」、「這叫什麼地方」、「我好像迷路了」。如果你能將場景利用起來，這樣的搭訕就能走向巓峰。

搭訕要學會變通

有時候，即使你是善意、禮貌地和別人說話，但沒辦法，對方就是一個情緒不佳或沒有幽默感的人。不要試著說服對方，因為也許她活了幾十年，一直把搭訕當成一件邪惡的事，你不可能在短短的幾分鐘內說服她。

趕快把她丟進你的情緒垃圾筒裡，積極去搭訕另一個願意跟你做朋友，也願意了解

有的放矢，找到合適的搭訕對象

要想成功搭訕，有的放矢當然是需要學會的。可是怎樣能做到有的放矢呢？學會看透主題是很重要的。

搭訕美女的時候，你要讓她看到你的閃光點，然後就可以直奔主題了。把握說話的主題很重要，主題好不好對一個人能否搭訕成功有直接的影響。等搭訕的對象確定以後，就要從她身上著手，看看哪方面容易攻破。搭訕時要注意以下幾點——

1．運用禮貌語言

禮貌是對他人尊重的情感外露，是談話雙方心心相印的導線。人們對禮貌的感知十分敏銳。有時，即使是一個簡單的「您」、「請」等字眼，都可以讓人感到一種溫暖和親切。

2．牢記談話目的

談話的目的通常有這樣幾個：勸告對方改正某種缺點；向對方請教某個問題；要求對方完成某項任務；了解對方對工作的意見；熟悉對方的心理特點。很明顯，一個善於交際的人，一定不是一個說話時不知所云、東拉西扯、離題萬里的人。

3．耐心地傾聽談話，並表示出興趣

談話時，應善於運用自己的姿態、表情、插入語和感歎詞。諸如：微微的一笑、表示贊同的點頭等，都會使談話更加融洽。切忌左顧右盼、心不在焉，或不時地看手錶、伸懶腰等等。

4．善於回應對方的感受

如果對方為某事特別憂愁、煩惱時，你應該首先以體諒的心情說：「我十分理解你的心情，要是我，我也會這樣。」這麼一來，就會使對方感到你對她（他）的感情是尊重的，從而形成一種同情和信任的氣氛，使你的勸告更奏效。

5．善於使自己等同於對方

人類具有相信「自己人」的傾向，一個有經驗的談話者，總是使自己的聲調、音量、節奏與對方相稱，就連坐的姿勢也盡力給對方在心理上有親切之感。比如，並排坐著比相對而坐在心理上更具有親近感。直挺著腰坐著比斜著身子坐著顯得更尊重別人。

6．善於觀察對方的氣質和性格

如與「激情型」的人交談，你會發現對方情緒強烈；與「靜漠型」的人談話，你會發現對方持重寡言，情感深沉；與平素大大咧咧的人談話，你會發現對方滿不在乎，漫不經心。總之，針對不同氣質和性格的人，應採取不同的談話方式。

7．善於觀察對方的眼睛

在非語言的交流行爲中，眼睛起著重要作用，眼睛最能表達思想感情，反映人們的心理變化。高興時，眼睛炯炯有神；悲傷時，目光呆滯；專注時，目不轉睛；吃驚時，目瞪口呆；男女相愛，目送秋波；強人作惡，目露凶光。

也就是說，人的一切心理活動都會通過眼睛表露出來，很難做假。爲此，談話者可以通過觀察對方眼神的細微變化，來了解人心理狀態的變化。

8．力戒先入為主

要善於克服社會知覺中的最初效應。而這最初效應就是大家熟知的「先入爲主」。有的人有造成良好的初次印象的能力，把自己本來的面目掩飾起來。爲此，在談話中應抱持客觀的、批判的態度，而不應單從印象出發。

9．消除對方的迎合心理

在搭訕過程中，對方可能會出於某種動機，而表現出言不由衷、見風使舵或吞吞吐吐。爲此，要盡可能讓其明白你的眞實想法，以便從談話中獲取眞實、可靠的資訊。

10．善於選擇談話機會

一個人在自己熟悉的環境中，比在陌生的環境中的談話更有說服力。

——任何事情的結果，都可以分成好、中、差三種，搭訕也不例外。我們遇到的搭訕目標大致可分三類：態度特別友好的，你怎麼問都可以；態度特別惡劣的，你怎麼說也沒用；中間部分則是「搭訕犯」最需要去爭取的，這類人並不十分排斥搭訕，但要她們留給你電話，卻一定要有足夠的理由，你的談吐將決定其對你的評價。

因此，從某種意義上來說，「你好」之後接下來的這5～10分鐘的交談，如同一次面試，對方是考官而你是應聘者，通過測試之後，你才會有更多機會。在此之前，你們的關係和地位並不平等，該說什麼和不該說什麼絕對都有講究。所以，搭訕看起來像是聊天，可其實並不是。

說到這裡，大家不妨回頭看看他人的搭訕紀實，或者自己的搭訕經歷，是不是發現有如下共同點，就是在感覺無話可說的時候，特別愛向美眉發問，比如：

「你做什麼的？」

「你哪裡人？」

「你經常來這裡嗎？」

「你平時喜歡什麼？」

「你是自己一個人嗎？」

如果用面試來解釋搭訕，大家立刻就會明白這樣的談話是多麼錯誤了——應聘者怎麼可以向考官不停地發問？是人家在選擇你還是你在選擇人家？

向對方提問代表的是對她有興趣，所以當對方沒有興趣回應，而你依然不停地發問時，就變成了自己的低價值展示。爲什麼我們要特別強調這一點呢？大家去實踐一下就明白原因了，就是所謂的「知易行難」。眞正在搭訕時，即使是老手也很難克制住自己不向對方發問。

其實，完美的搭訕只需要提兩個問題：開始一個，比如：「我想認識你」或者「你是一個人嗎」。結尾一個，比如：「你的電話是多少」或者「認識一下吧」。中間過程要求全部是對話，或者對方問我們來答。做到這一點其實很不容易，可一旦做到之後，你就會發現搭訕的成功率會大大提高，同時要到的也多爲有效號碼。

這樣的目標該怎樣實現呢？或者說「少問」之後如何「多說」呢？這裡給的建議就是聯想式和發散性的思維。因爲是陌生人，彼此了解有限，所以就要及時抓住對方拋出的每一個話頭兒展開話題。切忌東一榔頭西一棒子，問一串無關痛癢的問題。最終，你了解她一堆表面皮毛的資訊，她覺得你其實是個草包，這個搭訕絕不會有效。下面舉個例子。

一個絕色美女正在逛商場，周圍男人紛紛側目，大象快步走上前去。

大象：「你好，認識一下可以嗎？」

她：「啊？好像不太有這個必要吧……」（態度還算友好）

這種情況下，大象錯誤地回應：「可是我很想認識你。」

然後沉默，十幾秒之後，看對方也沒拒絕，大象再問：「那你今天是自己出來逛街嗎？」

她：「嗯。」（態度依然友好）

你：「那你平時工作忙嗎？」

幾句簡單交談之後，對方說：「我叫音樂。」（估計是藝名）

大象便相信地問：「音樂？你的職業是跟音樂有關嗎？」

這就犯了放走好話題去提問的錯誤。好的回應可以是：「哦，音樂你好。我叫建築。據說建築是凝固的音樂，音樂是流動的建築，是不是說我一見了你，我就凝固了？你一見了我，你就溜走了？」你抓住對方給的機會去開玩笑，而不是生硬地、無厘頭式地開玩笑。當然，到了這個境界的「搭訕犯」需要相當的機智和想像力，的確不是一般人能做得到的。

所以接下來可以把搭訕訓練分成三個階段——

第一階段：勇氣。能開口就行，哪怕最老套的問路也可以。

第二階段：真誠。明確告訴對方自己的意圖，就是一句簡單的「我想認識你」。

第三階段：智慧。當然這不是算計和欺騙對方的小聰明，而是建立在勇敢和誠實之上的大智慧。

有勇氣找到自己的搭訕對象，並且漸漸進入角色。接著眞誠相待，用智慧將對方牢牢扣在手心。那麼，就逐漸接近成功了。

有的放矢地去尋找搭訕目標

搭訕的對象是陌生人。所以，對於那些想要一次成功的「搭訕犯」來說，搭訕的對象就是一個獵物，怎麼能輕易地對上對方的胃口，當然就很重要了。

一個人想去搭訕，就要明白自己想找到什麼樣的人。很多人對於自己要搭訕的對象不了解，所以造成他們毫無目的地去搭訕的結果。當他搭訕成功了，又覺得對方不適合自己，又會選擇別的目標。

還有些人會覺得搭訕陌生人很有意思。其實，有的放矢地去尋找搭訕的對象，才能獲得真正的成功。看見某個女孩，不要急於上前，先花幾秒時間看看她是不是自己的「菜」。別真的等到搭訕時再去觀察，那樣不但來不及，也會讓自己喪失成功的機會。

非誠不擾，誠懇的「第一印象」

第一印象往往是交往的基石。能給人留下好的第一印象，你就成功了一半！爲了讓你每次都給人留下好的第一印象，下面特別從各個因素和角度深入分析，讓你每次「出擊」都能成功，擁有絕佳的人緣、美好的戀情！

提升第一印象的黃金三大法則——

1．流露笑意給人好印象

嘴角的表情和雙眸都能流露笑意，就能給人好印象。

第一印象的好壞，取決於初見時雙方的表情給人的感覺。心理學認爲「微笑」就是「接納」的標誌。也就是說，當你微笑時，等於告訴對方「我不會害你」，「我對你並沒有敵意」。

第一次見面時若沒有笑容，會讓對方感到緊張，以爲你深不可測、心懷鬼胎，覺得難以與你親近。嘴角上揚、連眼神也在笑的表情，就是一種好感的表示。當你一直微笑看著對方時，就能消除對方的警戒心。

2．穿著類似拉近雙方距離

穿著打扮也是第一印象的重要因素。穿著類似能拉近距離，差異太大則會形成距離。我們能在一瞬間斷定出這個人與那個人的差異，也能馬上感受到誰與自己是同類，誰與自己是異類。

而且，從一個人的穿著打扮，可以大概知道這個人的個性如何。也許你覺得這樣的斷定太過主觀，不過這就是所謂的第一印象。一向對顏色敏感的人就會通過對方的衣服顏色做印象判定，對流行敏感的人則會通過時髦感或配件的搭配來判定。如果品味相同就會有親近感，品味不同當然就會有疏遠之感。

3．由姿勢的開放度決定開始交談的時機

你能不能開口交談，則取決於姿勢。你肯接受對方，自己也表現出接納開放的態度，從見面到開始交談的時間就會縮短。如果你以輕鬆的站姿，正面面向對方，感覺容易親近。相反地，如果你將手交握在後面，或雙手交叉抱於胸前，都會讓人有隔閡感。如果把包包放前面拿著，面對對方，雖然雙手沒有交叉抱著，但還是會讓人有距離感。包包最好背在肩上，給人留下容易親近的第一印象。

對於第一印象，沒有自信的人首先要塑造個人風格。你必須事先決定想給人留下親切的好印象，還是強烈深刻難忘的印象，然後每次與陌生人見面時，就能表現出你想要的感覺。只要記住上述有關表情、姿勢等的黃金法則，就不會出糗。至於穿著打扮方面，如果你是個表現欲強的人，就必須裝扮得很有個性美。

以下是讓人初次交談就能獲得成功的四大祕訣——

1．要回答別人的問題，而且要有回應

與陌生人交談時，爲了鬆弛緊張的氣氛，必須努力製造親切的感覺。你所問的問題，不要讓人只能簡單地回答「是」或「不是」。問題問得要有趣味、有意思別人才有

回答的熱情，雙方的交談也才能在愉快的氣氛中繼續下去。

2．擺脫陌生人情結

面對陌生人不需要特意裝模作樣，不過一定要表現出你的誠意。其實，每個人跟陌生人交談時內心都會不安，一定要自己先放下陌生人情結。

3．解讀現場的氣氛與對方的心態

要避免談論會讓人討厭的話題，不要你一個人一直發表高見，也要學會傾聽別人說話。解讀現場的氣氛，看準時機再發言。

4．絕對還有挽回的餘地

就算對方的反應不是很熱情，你也不必感到沮喪。我們本來就不可能討每個人歡心，不過一定還有挽回的機會，你的態度要樂觀。

——堅持三秒搭訕法則，每次出手都不超過三秒，這很對。不過，這三秒的時間很短，你只有這三秒，所以這3秒裡是你必須考慮的最重要的條件。但有時甚至可以違背三秒搭訕法則！因爲在錯誤的狀況下出手，只有一種結果，那就是失敗！雖然只是一瞬間的觀察分析，看似簡單，卻很重要。如果時機不成熟的話，那最好是耐心等待下一個恰當的搭訕機會。

到底要怎麼觀察時機呢？用什麼樣的方式出手才最恰當呢？就算是同一個女性，但是時間、地點、環境、穿著等因素不一樣時，對其搭訕的結果也是不一樣的。我們要總結觀察出來的結果，用不同的方式對待。下面講述一下細節——

穿著時尚和穿著樸素是不一樣的；

穿著性感和穿著保守是不一樣的；

面帶焦急和面無表情是不一樣的；

神清氣爽和眼神空洞是不一樣的；

天然髮質和燙捲頭髮是不一樣的；

她穿運動鞋和穿涼鞋是不一樣的；

站在書店門口和站在迪斯可門口是不一樣的；

坐在店裡靠窗和坐在店的最裡面是不一樣的；

雙腿夾緊坐姿和蹺二郎腿坐姿是不一樣的；
目視前方和左顧右盼是不一樣的；
拿包和不拿包是不一樣的；
夏天時紮頭髮和披散頭髮是不一樣的；
……

太多搭訕細節了，一時說不完。大家仔細琢磨就會發現，很多細小的地方就能讓你看懂一個人，並且做出正確的判斷。見上司、認識新同學、拜見女朋友的母親等，這些場合的第一印象都很重要。而在我們的生活中，也常常碰到這些場合，看看別人有哪些經驗，也許就能從中得到一些祕訣或法則而不一定。

1．初入職場

雖然是初次見面，但資深男同事突然問我：「有男朋友嗎？一定沒有吧？你看起來好嚴肅呀！」那天他對我說了很多不客氣的話，還一直問我：「喂，你叫什麼

來著？」眞受不了他！（小彤，19歲，餐廳服務生）

可見，就算比別人資深，也要顧及自己在別人眼裡的第一印象！

第一天去上班，指導新人的男同事在教我們時，說話的語調非常客氣，老是將「請」、「謝謝」掛在嘴邊，讓我們覺得很受尊重，對他的印象非常好。可是後來大家都很熟了，他還是很客套，大家就覺得他做人很嚴肅。如果能再親近隨和些，不是更好嗎？（菲菲，20歲，公司職員）

客氣也是要有分寸的，否則會適得其反。既然大家已經很熟了，更要隨和一些，展現眞我才更好。

2．融入校園

進了大學後，跟班上的同學一起聊天，一定會聊到出生地和大學考試成績的話題，我也簡單地自我介紹。

這時，突然有一個人問：「什麼？這裡是你的第一志願？我是失算才進這裡的。」還有：「你是從鄉下來的吧？」他可能想開個小玩笑，我卻笑不出來，這種人讓我第一眼就很討厭他。（小雨，18歲，大學生）

所以說，習慣以貶低的口吻跟人說話的人，是很令人討厭的。也許他不是有意的，但貶低他人的同時，也降低了自己的個人素質。

第一天上課，有人突然對我說：「啊，你這個手錶是仿冒的！」我連他名字都不知道，他竟然這樣說。他可能想跟我親近，但這種方法讓我不敢領教。（林帆，16歲，高中生）

眞是不禮貌啊！這樣的開場白會讓人覺得你在有意挖苦對方。

碰到這種人眞想讓人馬上逃走。我才不要和用這種語氣的人交朋友呢！

「搭訕犯」應該注意的第一印象問題

1．搭訕時，說話並非多多益善。要知道，現在的女人都很精明，你那些想法絕對逃不過她們的眼睛。

2．專一點，給人好印象。女人們總是很敏銳的，所以，男人們如果想要搭訕到好女人就要專一點。可能你並不覺得自己偷瞄辣妹一眼，或者對哪個姑娘微笑一下有多危險，但是，相信吧，這樣做後果很嚴重。

3．說話的時候要真誠，最好看著別人的眼睛。有時候細節會大過一切，真誠一點，會將自己想說的話語說得更恰當、完美。

4．不要犯幼稚病，對待對方要認真。不能做那些會讓對方覺得輕浮的事情，否則，想挽回自己的好形象可就難了。

第3章

不被拒絕的搭訕技巧

害羞男的處女搭

進行了一定的理論學習後，實戰變得必不可少。

首先，搭訕屬於實踐重於理論的活動。學再多的理論而不去搭，很可能使膽子越來越小，越來越不敢搭。有一位男士研習搭訕兩年有餘，結果一直也不敢付諸行動。他自己解釋說，主要是學習男女相處的學問，而不是如何結識女人。

其次，搭訕沒有想像中那麼可怕，勇敢地上前搭了再說。這樣不僅可以突破害羞的性格，改變「挫男」形象，而且說不定還會有驚喜呢！

再次，搭訕的副產品就是，你的勇氣得到了極大的提升。如果敢和陌生女人搭訕，生活中的其他很多事情，你都有勇氣面對了。害羞不要緊，只要對於感情勇於追求的心態不變，那麼什麼都好說。害羞男搭訕需要上四節必修課。

1．不為提問而提問

只問那些對你的搭訕「有用」的問題。這個「有用」主要是指幫你判斷眼下跟她相處的機會和可能。比如：「你在哪站下車」、「你的事情辦完了嗎」、「你逛得累不累」、「你覺得這家餐廳怎麼樣」……

諸如此類的問題，可以馬上影響你對她下一步採取的行動。提醒大家一下，任何提問都無助於建立舒適感。所以，「你做什麼工作的」、「你是哪裡人」、「你平時喜歡幹什麼」、「你在哪個學校」……此類問題，在搭訕的初期階段就是廢話一堆。所以說，提問不但要少，而且要精，講求實際也是男人的一種魅力。根據實踐觀察，美眉對此的反應還是很明顯的。

2．盡可能用陳述句少用疑問句

在與人搭訕時，應盡可能少用疑問句，多用陳述句。比如，搭訕一個正在大街上徘徊的美眉。「你在等人嗎」就不如「看來你的朋友也遲到了」有效。

仔細體會，後者的語氣更果斷、自然、友好，而且巧妙地暗示了搭訕者本人的狀態。相比之下，前者的單純發問既沒說明任何資訊，還要求對方向你提供她的情況，這就很容易讓被搭訕者感到緊張。

3．不要求對方回答的提問

比如「我想認識你」，以及「我們一起走怎麼樣」這兩句話的實質是——「我是個想認識你的人」，以及「我是個想跟你一起走的人」，僅僅是向美眉陳述你的來意。可如果說完之後你就沉默了，那麼這兩句話就變成了純粹的疑問句，亦即——「我想認識你，行不行」，或是「我們一起走，好不好」。

而對方也就必須在「是」和「否」之間做出一個選擇了。這時候，出於自我保護本能，美眉更容易做出否定的回答。所以，關鍵的技巧就是不能沉默，不能尷尬，不能等著美眉說話，要馬上切入第二句閒聊。比如：「今天天氣如何」，「這個地方怎樣」……於是，雙方都有了臺階。

4．結束時的提問要直接

搭訕時最後的問題通常就是索要聯繫方式。坦誠地向對方說出你的願望，其實也是一個高價值展示，勇敢而自信的男性要比拐彎抹角的男性，更能滿足美眉的虛榮心。所以，那種想先找個再見的理由再索要電話的方式，其實是很幼稚的。

其實，無論誰第一次搭訕都會緊張，甚至可能會造成搭訕思路的停頓。有的人會因爲搭訕不成功而變得更加害羞。害羞男該怎麼突破搭訕的心理障礙呢？

(1)多實踐，讓自己在搭訕實踐中成長起來。要知道，搭訕並沒有多可怕。

(2)不要將每一次搭訕都看成是人生中的最後一次。要知道，那只是個開始，決定著你以後愛情和事業能否到達巔峰的開始。

(3)克服困難，不要一次就被打敗。記住，堅強才是硬道理。這一次失敗的搭訕，將會是下一次更好搭訕的開端。

(4)第一次搭訕只是搭訕的一次預熱，建議第一次搭訕不要搭訕自己最看好的那個人，不然若眞的失敗了，可能挽回的希望就不大了。

多多訓練吧！希望害羞男們早日在搭訕中成長起來。

學校餐廳搭訕漂亮美眉

在談論學校餐廳搭訕技巧和注意事項之前，我們先來看一個相關案例。這是一個校園搭訕高手，發在某論壇上的搭訕經歷和心得。

一個多月前，我去學校餐廳吃飯，一看排了很長的隊，就有點懶得排隊了，決定先上個廁所，等等看。

從廁所出來，一扭頭，我發現從門口進來個還算不錯的美眉，開始頭髮是半遮著臉的，然後很瀟灑地撩了下頭髮，從遠處看滿動人的樣子。

馬上放暑假了，我在學校待著實在無聊，得趕緊認識個美眉才行，反正打飯排隊的人還很多，反正也沒事，於是我打定主意搭訕這個美眉。

機會還不錯，美眉進門就買了個煮玉米，找了個位置坐下，準備啃玉米。我略一思考，想了個搭訕的開場，就趕緊走了過去。

「你好，請問你這個玉米是從哪裡買的？」

「就在門口啊！」

「哦，怎麼？你晚飯就吃個玉米嗎？」

「是啊，夏天太熱，沒什麼胃口。」

「我也是，我看那邊排隊的人太多，就想著買點別的吃呢，待會我也買個玉米去。」我順勢坐到了美眉對面，這樣好進一步聊一聊。

「你哪個系的啊？怎麼沒放假嗎？」
「我教育學系的，暑假參加實踐。」
「哦，是實習嗎？還是公益活動？」
「是實習，算學分的。」
我扭頭看了下打飯排隊的人，似乎不多了，就說：「排隊的人似乎少了點，我得走了。留個微信吧，以後我們可以網上聊聊。」
美眉回頭看了看，似乎有點意外：「嗯……」我看她猶豫，就趕緊搭話：「是不是不怎麼上微信啊？那要不留個手機號吧，聯繫也方便。」
美眉已經拿出了手機。
我說：「報你的手機號吧，我打給你吧！」
美眉：「好的。」
成功收撿到一個號碼，我就閃人了，肚子還餓著呢！
這位老兄分析自己成功的原因，主要有以下兩點——

(1) 大家是一個學校的，而且剛好都在校內餐廳用餐，是關係比較單純的陌生人，對方不會有太多的防備心理。

(2) 我沒有簡單搭訕，而是跟美眉坐下來聊了大概十分鐘，聊得還算開心，大家也算初步認識了，美眉似乎也不反感，留電話算是比較自然的一個舉動。

他還在文章中認真總結了一下自己需要改進的地方。

文章裡沒有寫出來，看著對話都是很自然的，實際上沒這麼順暢，我還是緊張了，剛開始時臉又紅又熱，開始的對話也有點結巴，不流暢。

還好我穩住了，保持一個微笑的狀態，美眉又在吃飯，不那麼容易換位置。要是在大街上什麼的，美眉早走了，不理我了。我跟她聊開之後，緊張的狀態很快就消失了。看來心態放鬆是非常重要的。

剛開始時，我一想到自己是要搭訕，來者不善，對人家美眉有意思，臉騰地一下就紅了。還好，聊著聊著把最初的目的給忘了，才恢復了平靜。

看來，搭訕保持一顆「平常心」太重要了，目的性不能太強、太明顯。當然，有好的環境也很重要，即共同點，這樣才能有切入口。這個需要細緻觀察與及時發現，並且抓緊機會啊！

看過了上面的案例，我們來簡單介紹幾個在食堂與美女搭訕的技巧。

技巧一：看到美女在排隊，你可以迎上去，優雅地說：「對不起，請問你今天想吃什麼啊？」她極有可能就會說是什麼。

只要她一開口，你就有機可乘了，然後說：「哦，我就覺得你挺有氣質的（或者見過你好多次了），可以認識一下，交個朋友嗎？」

技巧二：餐桌上，看到美女旁邊沒男的，你就坐過去。

看到你心儀的對象，正對或側對著她說：「我可以坐過來嗎？」

如果她答應了，你就有機可乘了，然後可以直接進攻了，方法同上。

技巧三：如果下雨，發現美女帶了傘，你沒帶，你就可以彬彬有禮地向她去借。

借完後你可以對她說：「太謝謝你了，如果沒有你的幫助，我可能會淋得感冒了，說不定明天就到醫院去打點滴了呢！」或者誇她是個好人，要她留個電話，下次好感謝她（或聯繫）。要到電話號碼的你，就可以開始進行自己的攻略了。

也許我們會有這樣的困惑，大學的餐廳都是提速的現代化產物，很多人每天匆匆忙忙地，怎麼能抓住這短短不到半小時的時間呢？

另外，我們還可以想像，有一天，我們在餐廳遇到一個心儀的女孩子，她願不願意將自己吃飯的一面，暴露給你這樣的一個陌生人看呢？這些都是要考慮的搭訕問題。不過，其實搭訕很簡單，餐廳搭訕當然也是如此。所以，別再去糾結那些故事了，努力邁向成功吧！

一次精彩的「網搭」

對於「網搭」，你知道多少？現今不會用電腦的人可是少數，會用電腦的當然少不了網路聊天。很多人被「網上都是騙子」這樣的話所困擾，當然不是所有會「網搭」的人都是騙子。

精通「網搭」雖然並不代表事業一定會成功，但一般說來，經常「網搭」成功的人士的社交範圍都很廣泛。可能你一次精彩的「網搭」卻能成爲人生中最美麗的邂逅。那麼，應該如何進行「網搭」呢？

(1)狂轟濫炸型。「你的名字好美呀！」、「你一定長得很漂亮！」、「我感覺你很有氣質！」、「我對你一見鍾情！」……這樣猛烈的攻勢，往往能讓對方繳械投降。

(2)和風細雨型。「你吃過飯了嗎」、「別玩太晚，注意休息」、「我只想找個可以談心的朋友，和她一起說說心裡話」……如此和風細雨，潤物無聲，不知不覺，她很快就會走進你的心田。

(3)多愁善感型。「我的心覺得很冷」、「我想家，想家裡的溫暖」、「我一個人好無聊呀！」女人的心是水做的，柔軟無比，她能不同情你嗎？

(4)直截了當型。「想要交異性朋友的我」、「你喜歡我嗎」、「你想和我聊聊嗎」……如此鮮明直接，倒是符合現代人高效率的作風。

(5)循循善誘型。「心聲至高無上，我們要聽從它的召喚」、「你完全有資格享受你的人生」、「人生苦短，不能虧待自己」……以入情入理的分析誘導對方，使其在思想上掀起軒然大波。

(6)自我表現型。首先要起個能讓人眼前一亮的網名，然後設計頗具風格的個性簽名、個人說明。與對方交談，你頭頭是道，淡定自若，風趣橫生，獻花、表意都恰到好處。總之，你進行了精心的準備和包裝，會讓對方覺得你很不錯。

⑺謙謙君子型。如果你是這一類型的男人，那麼你堪稱極品。你也許事業有成且溫文爾雅，你說：「非誠勿擾。」你的確是個正人君子，你很可能會愛上對方，但你斷然不會爲了對方做出什麼犧牲，你最多說句我只想要一個紅顏知己，而實際上你已經愛上了她。哪位女士如果遇到這類男人，那是她的福氣。

以上七種人，剛好從週一排到週日，一週的每一天，想搭訕就必須先弄清自己是哪種人，再採取相應措施。

對於「網搭」，其實大家都不會有太大的恐懼心理。因爲，兩個人不是面對面的搭訕，就會減緩搭訕的壓力。那麼，在搭訕沒有壓力的情況下，怎樣才能夠讓自己成功呢？下面介紹一些「網搭」的小話術：

（一）

甲：我們不認識。

乙：在我們認識之前是不認識。

（二）

甲：我們不熟。

乙：要「熟」得先「煮」一會兒。

（三）

甲：靠！

乙：給你肩膀。

（四）

甲：滾！

乙：地不乾淨。

（五）

甲：找死啊！

乙：「死」字在字典的一九八頁。

（六）

甲：暈！

乙：我有止暈藥。

（七）

甲：大哥……

乙：認你這個妹妹了。

（八）

甲：拜託！

乙：拜可以，脫就免了。

（九）

甲：555……

乙：抽煙，有害健康。

（十）

甲：去死吧！

乙：活著是沒啥意思，一會你請我吃肯德基，撐死我吧！

（十一）

甲：爲什麼給你號碼？

乙：我研究一下，看看美女的號跟普通女生的有何不同。

網路搭訕的技巧很多，多注意一下細節會將搭訕整體做得很好。下面介紹「網搭」

需要注意的幾個問題——

(1)「網搭」的時候一定要真誠，否則更容易被誤認爲騙子。

(2)對於「網搭」的對象一定要試探，不能把所有的對象都當成一種人來對待，沒有見過的人是很神祕的，所以需要根據狀況隨機應變。

(3)要以對方爲重點，話題要圍繞著對方，讓她覺得你和她之間沒有距離感，這樣才能更好地進行「網搭」。

(4)爲了保證「網搭」的順利進行，搭訕的語言千萬不能輕浮。不然，就算你再善良，也會被列入黑名單中。

(5)不要讓搭訕進行得太快。太快的搭訕會給人帶來不眞實的感覺，並且成功的機率很小。

高效結緣，擺正一切關係

搭訕一定要快！如果拖拖拉拉的，就將自己的好緣分拖垮了！不過，所謂的

「快」，絕對不是只說一句話，搭完轉身就跑。搭訕不能當做功課去做，要讓搭訕成爲一個自我展現的方式。

很多人不懂得怎麼展現自我，總是習慣拖拖拉拉地與人接觸。一句話重複十遍，自己也不覺得多，語速幾乎是1分鐘7個字。這樣的確夠謹慎的，可是人家願意聽嗎？這種搭訕的成功率大約爲10％。這樣不但會拖煩了別人，也拖垮了自己。於是，高效結緣便成了一個比較熱門的話題。那麼，怎麼讓搭訕高效起來呢？

1．讓自己成為「緣分友善者」

不論你是採取主動還是被動，讓對方看出你是個容易親近且樂於結緣的人，是搭訕成功的首要條件。社會心理學的研究發現，那些面帶微笑，樂於與別人進行目光接觸，並能將肢體語言融入周邊環境的人，就散發出「緣分友善者」的無敵迷人魅力。

所以，你應該主動和別人有目光交流，四目交會時輕輕點頭，傳達出尊重及友善之意。若在派對上，人人一杯酒，你手上也絕對不能空著；若有音樂，身體就該隨之舞動。這麼一來，對你有意者，以及你心有所儀者，都會樂於和你親近。

2．從環境找線索，優雅開口

若直接上前說：「我很喜歡你，可以認識你嗎？」運氣好，你就會中頭彩。不過，更多時候你會因嚇到人而顯得自討沒趣。最高明的做法，是從環境找線索，讓你的開口顯得大方而不突兀。

例如，在超市搭訕，你可以問對方：「請教你一下，這個牌子的產品好嗎？」在圖書館裡，則可以這麼說：「你借的這本書，我也很喜歡。」在咖啡館內，可以問：「我第一次來這兒，你呢？」若能在開口前，有禮貌地加上一句：「眞抱歉，打擾你，請問……」那就更討人喜歡啦！

3．稱讚女人的氣質，肯定男人的能力

有些男人對女人一開口就是：「你是我見過的最美麗的女人……」這種直接稱讚，有時候反而讓人心有戒備。若你想讚美對方，最好是要針對她的氣質：「我很欣賞像你這樣文靜優雅的女孩……」

而女人要主動結緣男士，從求助的角度，往往很容易獲得正面回應：「我的手機出毛病了，能夠請你幫我看看嗎？」給男人機會展現能力，他們通常都樂此不疲。

女人要稱讚男人，也可以用較爲迂迴的方式。在男人爲你做出體貼服務時，最好的稱讚不是：「哇，你好體貼哦！」更高明的回應是：「你知道嗎？我很欣賞體貼的男人。」這樣表態，對方心知肚明，又不至於太過露骨。接下來進退都合宜，萬一郎君無意，你也不會太尷尬。

4．聲東擊西，悄然出擊

若看到心儀的異性，卻又不適宜直接開口，你可以先找一個與她（他）同性的對象，開口聊天，音量放大一些：「嗨，你好！我是某某某，你是一個人來的嗎？」以此開始兩人的交談。

幾句話之後，你可以很不經意地轉向那位被你鎖定目標的異性，邀請她（他）加入你們的對話：「嘿，那你呢？你是怎麼認識派對主人的？」人們不被他人刻意搭訕，而是受邀加入一個已進行的談話時，通常都會很樂意參與。

所以，你去參加派對，找一位同性朋友結伴，就可以發揮這個做法的功效。不過你要記得，當談話漸入佳境時，這位夥伴就該找理由消失啦，才能爲你們兩人創造單獨深聊的機會。

5．創造再次見面的機緣

別忘了把初次結緣衍生成長期的互動。如聊到兩個人共同的愛好時，你可以這樣說：「那太好了，我有一群朋友都是影迷，下次我們看電影時能邀請你吧！」或者說：「請留個聯繫方式，下次一定找你！」或是簡單大方地說：「今天跟你聊天很開心，下回有空再一起交換心得。先留個聯繫方式吧！」

搭訕是結緣的高效做法，要想找到幸福，就請你興高采烈地將搭訕進行到底吧！我們要明白的是，現在的女孩都有自己的個性，等著魚兒上鉤的辦法早已不可行了。所以，多多地去結緣吧！把自己欣賞的人都收入囊中。

一天的搭訕總結

有的時候，我們可以將搭訕視爲一次挑戰，成功了自然是好事，不成功就當成一次學習的機會。我們不要把搭訕變得很公事化，有的時候甚至可以將搭訕視爲「博君一笑」的伎倆。

作爲現代人，每時每刻都在忙，很少有時間微笑。那麼，爲何不將自己的搭訕變爲一個給人微笑的機會呢？看到別人的笑臉，自己的心情也會愉快。

搭訕圈裡流行一句話，叫「每日搭」。

這個詞其實不難理解。不過這裡所說的「每日搭」不是每天要搭一次，像完成工作一樣，而是將搭訕列入生活，每天搭訕，幾次不定，讓自己快樂最好。

以下是某位搭訕高手和朋友一起去廣場的幾次搭訕紀錄。

第一個是公車上售票的美眉，嚴格來說也不算是搭訕。

上車後我們坐在前排，不斷地有人上下車。美眉前後走了很多次，沒有人的時候就扶著司機旁邊的扶手，頭也靠在上面，好像很累的樣子，一直沒見過她笑。我卻希望她能快樂起來。

快要下車的時候，我用車票折了一隻青蛙，走到美眉面前。

我：「你好。」（微笑）

美眉：「什麼事？」（美眉迷惑地看著我）

我：「送給你。」（同時把青蛙遞了上去）

美眉看了下青蛙，搖了搖頭。雖然青蛙很小，但是我正折的時候她應該看到了，要不也不會直接搖頭吧！

我：「我想你上了一天的班，一定很累吧！其實你笑起來很好看。」

美眉笑了。（這是我第一次看到她笑……）

我：「我馬上下車了，收下我的禮物吧，希望你能快樂。」

這時車停了，我以爲到站了，就直接把折紙青蛙塞給她，就走到後門。等了半天都沒到站……下車以後，我回頭看到美眉正在車上看著我笑。我對她招了招手，她轉過身去。看到美眉笑了，心情異常地好。

搭訕不一定要有結果，其實有的時候對方的一句「謝謝」或者一個笑臉，都是對你的肯定。其實，你沒有必要去死命地追逐勝利，最好不要把對方當成戰利品，不然，你自己也會隨之掉價。

第二個是我們下車後，朋友去洗手間，我站在外面的路口等他，看到旁邊有個女生獨自坐著。想了想，打發一下時間吧，直接上前搭話。

我：「你好！」（微笑，順勢坐在她旁邊。）

美眉：「嗯？」

我：「我在這邊等朋友，看到你一個人坐在這邊玩手機，好像很無聊的樣子，所以過來陪你聊聊天。」

美眉笑起來，很開心的樣子，說：「我在等朋友，他不知道怎麼還沒過來。」

我：「呵呵，我朋友也是，他去洗手間了。」

然後是普通的聊天，我說我是來旅遊的，請她介紹一下本地。她就開始哇啦哇啦地介紹了一通。

大概10分鐘後，朋友回來了，我和她打聲招呼，就拉著朋友走了，沒要號。

突然我很享受這種和陌生人聊天的感覺，自己開心的同時也能帶給別人快樂。我能感受到她很開心，她甚至說要帶我去買特產帶回家。

還是那句話，不要將輸贏的色彩帶進搭訕。

後來我們在廣場跳了會兒舞，就那種很多人一起跳的廣場集體舞。因爲第一次跳，只顧看人家的舞步了，什麼都沒管。

散場後，朋友指著遠處燈下的一個美眉，說是剛剛一起跳舞的，讓我過去聊聊，我沒多想，就直接過去了，這是第三個。

我：「你好！」

美眉：「嗯？」

這個時候才看見美眉戴著耳塞在聽歌，我示意她摘掉耳塞。

我：「我只是過來打聲招呼的，想要認識一下你。（停一下看美眉的反應，她正看著我……）我剛剛和朋友路過這裡，看到你一個人在這邊，突然很想認識你，就過來打個招呼。如果我不過來的話，我怕自己回去會覺得很遺憾。」

美眉笑了：「哦，是這樣啊！」

我：「是啊。其實我剛才也在這邊跳舞，你也在吧？」

美眉：「是啊，我一直在這，我每天都來。」然後聊了一通跳舞的事。已經晚上11點多了，朋友趕著回家，明天還要上班。

我就說：「明天我也過來，你教我跳舞吧！」

美眉說：「好啊，明天我叫我師傅過來，我們一起跟著他學。」

我：「那你留個電話給我吧！」

美眉猶豫了一下，說：「還是我留你的吧。」

然後拿手機記了我的號碼、名字。我讓她打過來，她又猶豫……我說：「放心啦，我不會接你電話的。」

美眉笑著說：「好啦，我知道的。」說著便撥過電話來。

我記了她的號碼和名字，說：「我朋友在那邊等我，我要走了。」

美眉說：「好，你快去吧！」

我：「嗯，好的，明天見。」

然後轉身走人……回去的路上，我發一則簡訊給她——我就喜歡這樣有驚喜的生活，很高興認識你……

這無疑是一個人較爲純粹的搭訕體驗，沒有太多的修飾，也沒有過多華麗的語言表述，兩個卻談得開心、美好。

要想讓女人喜歡你，就要讓女人對你產生感覺；要想讓女人對你產生感覺，就要做其他人不曾爲她做過的事。很多人在約會的階段，才開始通過各種手段讓女人對他產生感覺，其實在搭訕剛開始約會的時候，就可以讓對方迷戀你。把搭訕看成是一種樂趣，享受生活，享受搭訕。

多多完善自己，讓自己成爲最成功的「搭訕犯」吧！

路遇有父母陪伴的妙齡少女

怎麼搭訕有爸媽在旁的她？

這是最考驗自信和勇氣的情形。要是你有很好的背景，可以嘗試先跟她父母打個招呼，先介紹自己的職業背景和教育背景，在說完你想要認識他們的女兒後，建議不要等對方說好或不好，馬上轉過去跟你的目標交談。這是個簡單的方法，也是比較容易搭訕成功的辦法。

路遇有父母陪伴的女孩，你當然不能忽略她的父母，孝順並且懂禮貌的人，給人的印象都很舒服。搭訕的人有禮貌，就是等於是有了搭訕的保護盾，這也是一切尷尬的消除劑。

男人最能征服女人的一面就是安全感，男人的安全感表現在很多方面，有時一句溫柔的話，一件微不足道的小事，都能給女人帶去溫暖。其實，男人搭訕，細節性問題很重要。

讀大一的鵬是學校網球社的會員，他覺得網球就是自己的生命。進網球社的那天，鵬曾經說過——「愛情誠可貴，網球價更高」這樣的話。

當然鵬絕對不會知道短短的一年，他的諾言就要被打破了。

學校假期的時候，鵬去網球館練習打網球。回宿舍的路上遇到一個女孩，她身上獨特的氣質，一下子就吸引了鵬的注意，這種可愛的女孩是誰都無法阻擋的。

鵬考慮了半天，覺得這樣放過太可惜了，於是他堅定信念衝了上去。正當他興致勃勃的時候，突然發現了女孩身邊的身影——女孩的父母。

鵬頓時停下腳步，甚至有些慌張地想要逃開，不過對那個女孩的感覺又使他快速停下來。糾結了半天，眼看女孩要離開了，他才如夢初醒般地走到女孩和她父母的面前……

「對不起！你們好！耽誤你們幾分鐘時間，好嗎？我是學校網球社的新人，想做個小調查，請問你們對網球感興趣嗎？」鵬必恭必敬地說。

女孩和她的父母被嚇了一跳，對於這個陌生人的搭訕，他們似乎很不習慣，半天沒說出一句話。

鵬微微一笑，接著說：「先生、太太，你們平時運動嗎？」

女孩的父親先開口說：「運動，不過網球不適合我們老年人，要不你就問一下我女兒？她喜歡打網球。」

還沒等女孩開口，鵬就一臉無奈地說：「現在的年輕人可不喜歡人家打擾呢！呵呵。那麼，打擾三位了！」

女孩的父親轉頭對女孩說：「小雨，幫這個年輕人做個調查吧！」

女孩的母親也隨著點點頭，鵬的心裡笑開了花，強忍著興奮對女孩說：「那麼美女可以幫我做個調查嗎？」

有了女孩父母的支持，鵬不僅拿到了女孩的手機號碼，還榮幸地成爲女孩的網球搭檔。

當然，「僞裝」也是搭訕的好方法。以調查的方式進行搭訕，不讓對方覺得自己是騙子，成功的機率就變得很大。鵬之所以成功用調查的方式搭訕，是因爲他手裡提著球拍，並且一身運動裝扮，這樣就符合了他打網球的事實。他先去和女孩的父母搭訕，也把自己排除出了不良搭訕的範圍，當然就容易成功了。

不過，男搭女也有不少細節性的問題需要注意。

1・對於第一次見面，很多人都以尷尬收場。但是，想給對方留下好印象，就不能太急著將自己與對方的關係拉近。要知道，越是拉近，兩個人就會越尷尬。如果連自己都覺得尷尬，那麼就要儘快找到排解尷尬的辦法。

2・對於身邊有家人的女孩，怎麼搭訕最安全呢？我們可以先換位思考一下，如果自己的身邊有父母在，一個女孩過來搭訕，如果她視你父母爲空氣，那麼你會接受她的搭訕嗎？

生活中那些沒有禮貌的人會被認爲沒有內涵，這樣的人不容易被接納，而那些過於注重禮節的人，會讓人感到尷尬，所以搭訕的時候禮節分寸的把握，也是很重要的！

3・有些人喜歡在搭訕的時候誇大自己，特別是有長輩在場的時候，他們覺得這樣更容易被肯定，所以放任自己無限誇大下去。而眞正的情形是，那些被誇大的部分很快就會被打回原形，並被貼上一個虛僞的標籤。

總之，對於搭訕者來說，站在對方的角度考慮問題，試著去理解對方，就越容易獲得成功。

完美的大學搭訕之旅

很多經典的搭訕事件都出自大學校園，因爲校園裡沒有過多的名利追逐，搭訕也是純純的。那裡有一群熱愛陽光的「向日葵」。

下面我們通過某男士在某論壇上發的帖子，爲大家介紹幾個大學校園搭訕的經典案例，看看這些學生是怎樣步入搭訕禮堂的。

大學同寢室的哥們中，小高是第一個出去搭訕的。當時，我們對搭訕這個詞相當陌生。小高同學本來不叫小高，因爲他每日必須一「搭」，所以因此得名——高天天。

高天天的大學第一次搭訕是因爲和他校外的朋友打賭，搭訕的對象是學校的校花，也姓張，我們習慣稱她爲——張校花。

不得不說，我們眞的爲高天天同學捏了一把汗。高天天長得不錯，但他屬於那種讓人第一眼見到他，就會覺得這傢伙很壞的那種人，其實他爲人不錯，只是嘴巴有點賤而已！

我們很快就拿到了張校花的作息表。當然，搭訕都應該做好準備才行，高天天只是看了一眼就很有把握地說：「早9:30，圖書館。」

第二天早上，張校花是9:20進圖書館的，直接上了自習室，高天天隨後也上去了，我們則在旁邊想看看他能否搭訕成功。

9:40左右，高天天的搭訕開始了。那時，張校花正在看一本不知道什麼名字的書。高天天就從她身邊走過再轉回來，很隨便地問了一句：「請問，你知道行銷專業的書哪兒有嗎？」

張校花側目看了他一眼，有點無奈地搖了搖頭，說道：「這是自習室，樓下才是圖書室！」

高天天裝做一臉茫然地說道：「圖書室怎麼走啊？眞鬱悶！剛來這個學校，哪都找不到！」

旁邊的人紛紛看著高天天，他聲音太大了。張校花白了他一眼繼續看書，他卻故意又大聲說了句：「你可以帶我去嗎？我實在找不到！」

旁邊的人都用異樣的眼光看著高天天，那陣式像要把他吞了。張校花剛要開口，高天天又加了一句：「您一定不會拒絕我吧？我是新生啊！」

張校花一臉的無奈，只得和他出去。張校花剛要罵他，他就急切地說了句：「你眞善良！」張校花便笑了出來。

高天天的這招雖然幼稚、但是卻很高明。就他那可愛模樣，眞讓人見了恨不得上去捏兩下。

＊

寢室裡第二個搭訕的人是王胖胖。聽名字就知道，肯定是重量級的。他搭訕的人是一個正好和他相反的骨感女孩，這讓我們很是吃驚。

那個女孩是中文系的，那些所謂的文字遊戲，對於她來說根本是行不通的。這時，王胖胖該怎樣解決這麼個難題呢？

他搭訕的那天趕上下大雨，原以爲這是困難，卻給他帶來了一個最好的機遇。那天中午中文系下課的時候，王胖胖拿了把傘去教室門口。

幾分鐘後女孩從裡面走出來，她看見外面下著雨，有些喪氣地準備冒雨離開。女孩剛用書包遮住頭，王胖胖就帶著傘出現了，那女孩先是一愣，然後有些不好意思地低下了頭。王胖胖一本正經地說：「咱們得快點走，雨下得不小啊！」

那女孩的臉微微紅了，沒說話就跟著王胖胖一路跑。可就王胖胖那個體型，跑了沒幾步就累得直喘大氣。雨越下越大，王胖胖把她帶到教學樓後面的一個涼亭，開口說道：「我覺得剛剛大家肯定都在笑我。」

女孩一愣問：「爲什麼呢？」

王胖胖喘著大氣說：「你見過我這身材的跑越野嗎？」

女孩「噗哧」一下樂出了聲。

兩個人於是逐漸熟了起來。

幽默的王胖胖用幽默征服了美人心。可見，搭訕要發揮自己的長處。

*

同寢室的茉莉同學加入了攝影社團，之所以他被稱爲茉莉，是因爲他屬於那種長得很精緻的男生。

社團活動的第一天是景色寫眞，當時茉莉還沒選好到底搭誰。

回到寢室，茉莉將作品發給我們看，有一張照片上面的女孩吸引了我們的注意，茉莉說是無意拍上的，但茉莉轉念一想：「就她了！」

第二天，茉莉穿了件他認爲最酷的衣服出門了。大家到了××湖邊，女孩那天穿了條白色的裙子，陽光一照似乎有種飄入仙境的感覺。

茉莉問了一下同行的人，原來女孩是商務日語專業的，對日語一竅不通的茉莉決定避開這個弊端。

「美女你好，我能給你拍張照嗎？」茉莉小心翼翼地問。

女孩果斷地說：「不要了！我不希望自己的身影留在別人的鏡頭裡。」

不過，茉莉隨機應變地說道：「其實我想拍的是裙子，這條裙子穿在你身上眞是完美啊！」

女孩有點不好意思，尷尬地笑了笑。茉莉說：「請問，可以嗎？」

女孩點點頭，茉莉拍了一張。女孩問：「怎麼樣？」

茉莉撇嘴：「這麼美，不拍臉的話，簡直可惜了！」

女孩不好意思地笑了笑。

茉莉的搭訕幾乎每句都是通向滅亡。其實搭訕的時候不能將自己陷入被動，不然很難成功。

*

我是寢室裡最後一個步上搭訕之旅的，踏著前面幾個人的腳印前行。一天，我代表學校去外校演講，本來演講就夠無聊了，再加上天熱得要命，弄得自己頭昏眼花。

到××大學的時候是下午2點多，演講結束時不到3點，因爲校車沒到，所以我們「流浪大軍」在校園裡轉了起來。

正和朋友聊天時，一個女孩吸引了我的注意，她在做壁報，那粉筆字寫得特別清秀。原以爲在壁報上找個錯別字什麼的就能輕鬆搭訕，誰知看了整版，一個錯字都沒有。可就這麼走了，也實在太可惜了。

於是鼓起勇氣問：「你這是做什麼內容呢？」

女孩回頭笑笑說：「校園環保。」

我也回個笑臉，說：「舉幾個鮮活的例子，說不定更容易引起共鳴。」

女孩愣了一下問：「你是這個學校的？怎麼對你一點印象也沒有？」

我抓了把頭髮說：「我是××大學的，今天過來演講，一會就走了。」

女孩從凳子上下來，走到我面前說：「演講？今天在哪個禮堂？什麼內容？我今天沒去看。」

我陳述了一下演講的內容。遇到這麼熱情的女孩是我完全沒有想到的，這也讓我的搭訕一次成功。直到現在她依然是我的朋友。

大學裡將搭訕稱爲「把妹」。校園「把妹」有這樣幾個技巧——

(1)只「把」往學校內走的，不「把」往校外走的。

(2)參加活動時，先在她旁邊站一會，讓她隱約對你有個印象，聽她說話，然後先她一步靜靜地走開，大約過了一兩分鐘，等她也離開的時候，你從後面走過去，追上她。（不要跑得很快，否則讓她感覺到，會對你製造障礙。）

(3)找準對象進行搭訕。如果她是一個人，你直接上去「把」就是了。如果她與朋友一起出現，你應該先「把」她的朋友，再「把」她。（好處，可以使自己放輕鬆，將心情調到極佳狀態。）

(4)讓朋友幫你「把妹」。這個比較適合新手。找個會「把妹」的朋友，自信、會說、有親和感、有朝氣的。到時候，你上去對她說：「同學你好，可以耽誤你一點時間嗎？我朋友（指著你的朋友）想認識你。可以認識一下，交個朋友嗎？」

在大學裡搭訕，一定要明確搭訕其實在是爲自己的人脈關係、戀愛、事業打基礎，所以應該用心對待。當你從別人的眼睛裡讀懂自己成功的時候，相信未來更遠的路，自己都可以勇敢面對。

要提醒的是，很多菜鳥「搭訕犯」都有一個認識誤區，以爲直接開場會留給別人不好的印象，而間接開場能讓自己有更多的機會表現內在美。其實，間接開場對自己的形象，幾乎沒有什麼修飾作用，唯一的好處就是不讓美眉尷尬。

大學搭訕很方便，同在一個校園有什麼好害怕的呢？那麼，加緊修煉搭訕的法則吧，讓自己晉級搭訕高手的行列，給自己的大學生活點燃一把激情。

營業場所搭訕竅門賞析

營業場所是個忙碌的地方，每天來去匆匆的人不少，也是任何人必須光顧的地方。這屬於室內搭訕的一種，也是比較難的一種。

在營業場所搭訕，一定要快，不能拖拖拉拉的。很多人都是在確定自己要搭訕的對象後，正猶豫著要不要上去的時候，對方已經辦好自己的業務離開了。這樣的結果當然是搭訕還未「出生」，就已經「斃命」了。

其實，對於這樣時間緊湊的搭訕，一定要學會快、準、狠。只要自己的搭訕達到一定境界，成功就會輕而易舉。一位男士就在博客上寫了自己的這樣一段經歷。

上個月的一天，家裡沒電了，我不得不耐著性子去銀行繳費。來到家附近的一個分行，人滿多的。我拿了張表，開始填，這個時候看見一個很恬靜的美眉，身高一六五左右，身材很棒，可以打個七、八分。

我發現她是一個人來的，當時的環境挺好，人比較多，門口有保全人員，感覺可以，就走上前去。

「唉，你在填表麼？我第一次來，還不太會填呢！」你搭訕時，美眉會關注你的細節。所以，自身言行一定要注意。最好看鼻子或嘴唇，或者眼光游離在耳垂、嘴巴，自然地畫V字也可以。

「嗯，你沒筆嗎？我寫好了給你。」很有親和力的美眉。

填完以後，美眉把筆遞給我，我沒有接：「反正你在寫，我給你念，把我的也寫了吧，呵呵。」這時要看美眉的眼睛，目光要堅定，一定不可以眨眼睛。（一個服從性測試）

「……。」繼續念。

「哦，你家在……。你那裡有家飯店的川菜很正啊！」不知道是不是美眉想在我面前展示自己。

「你不是要去我家找我吧？我可是很少在家的哦，去我家會找不到我的。」展示高價值，控制美眉的好奇心，她會猜想你平時都幹些什麼。（女孩都好奇心重，控制她的好奇心，能提升自己的分數。）

「你不在家，你喜歡幹什麼啊？」（好奇害死貓啊……）

「你怎麼這麼關心別人的私生活呢？這不好。」（要嬉皮臉臉地說，可以給自己留後路，如果美眉聽了這個不給你寫了，你可以說開玩笑的。）

「你不說拉倒，誰稀罕知道啊！不寫了，我走了。」（美眉說「我走」的時候是希望你挽留她。如果真是行動，那你就歇菜吧，是你的前期沒有做好。）

「好好好，別生氣啊，跟你鬧著玩呢，沒有惡意的。你今天的高跟鞋很漂亮啊，顯得你的腳好美哦！」（給她個小表揚，吃個甜棗吧！）

美眉沒有說話，還是繼續寫了。

「現在我先去給你排隊吧，一會兒人該多了，有機會再說。我朋友在等我呢，趕時間，不好意思。」（說不好意思的時候，你是在告訴她你們不是陌生人，看她的答覆。）

「幹嘛說不好意思啊，咱們又不熟。」美眉有點抗拒。

「咱倆要是熟了就不在這裡了。你說，咱倆是煮的還是炒的？」

「呵呵！」美眉笑了。（美眉給你問題的時候，一般不要直接給美眉答案，那樣很跌價。）

回眸一笑，我走了。

排隊的時候給美眉講了兩個排隊的笑話。

我繳了四百元，還差一百元。

「我少帶了一百元啊！因爲我一會要去找朋友，借你的吧！」（當時我眞的少拿了一百元。）

「啊？」

「我不會不還你的。我家住哪你都知道了，幫個忙，我要是騙子也不會在繳費的時候騙你啊！」（不等美眉說，打斷她表達想法的機會。）

美眉果然眞的給了我一百元。當時她要是不肯借我的話，我眞的要回家拿了。（我不贊成剛認識就向美眉借錢。那樣美眉會對你有很大的戒心。我是病急亂投醫而已。）

「謝謝你啊！省了我很大的麻煩呢！」（表揚下美眉也沒有什麼不可以的。適當的表揚可以讓美眉知道你懂得欣賞。）

（做一下要離開的樣子。）

「啊，對了，我還欠你一百元呢！你電話告訴我，我給你打一下，好還你錢啊！實在找不到我，你就找討債公司吧，呵呵！」

很輕鬆地要到電話號，然後就可以全身而退了，該幹嘛幹嘛去。趕快找個機會去「還錢」，就可以算是熟絡了。

其實，營業場所搭訕不一定要用如此極端的方式，可以用些簡約的搭訕話術。

(1)「請問你知道忘了繳要罰款嗎？」很多人都不會拒絕對方的詢問，不過也有特殊的，她們可能會直接回答說：「不知道。」這個時候，你便可以微笑著說一聲：「謝謝！再見！」

⑵很多人都不知道，「我希望認識你」這句話，其實並不適合在營業場所說。

第一，營業場所是人員密集的地方，所以想搭訕時就得先顧及一下身邊人的反應。看看他們是否能容忍得了你在那裡「傷風敗俗」地和陌生人搭話。

第二，有些女孩在營業場所會非常謹慎，因爲她們大多數都是去繳款的，身上有現金，對陌生人會相當地謹慎，就像電影裡一樣，你的一句「你好！我想認識你……」之後，會不會接著就抽出一把刀來架著她的脖子呢？

第三，對於這種搭訕，女孩子們會認爲是很浪費自己時間的做法。所以，不要自討沒趣。

最後，特別提醒一點，營業場所搭訕一定要儘量圍繞地點展開，千萬不能天南地北扯得很遠。因爲營業場所是最容易激起對方急切心理的，你若是閒扯得太多，人家必定是會趕緊離開的。

公車搭訕延伸閱讀

在之前的內容中，我們知道很多場合都適合搭訕，爲了能讓大家更清楚地明白各個場合下搭訕的最佳法則，所以將之前的內容做了延伸閱讀。

在公車上搭訕是需要很強把握能力的，有些美眉會著急回家或者上班，所以會有意忽略「搭訕犯」的存在。面對這樣的狀況，很多「搭訕犯」們對公車搭訕抱有恐懼心理。其實，注意一下自己搭訕的方法，減少被打槍的危險就可以了。

等公車的時候就是一個很好的搭訕時機。因爲這個時候，對方的精力會全部集中在公車開來的方向。趁著這個時候，你可以好好打量你心儀的那個對象，根據她所屬的類型展開攻勢，就可以輕而易舉地拿下。

假設你在站牌旁邊等公車時，看到一個想要認識的女生也在等公車，「假裝問問題搭訕法」就是一個非常好的攀談方式。你可以假裝先在站牌前面尋找要搭乘的公車路線圖，擺出一副搞不清楚該搭什麼公車的樣子（其實你心中清楚得很）。接著，你就用禮貌的口氣，問你想要認識的那個美眉：「到××地方該乘哪路車」，「哪一路公車是不是有到××地方」之類的問題。

對方可能會親切地告訴你該搭乘什麼車，這時你就應該把握機會，繼續和她聊天。你可以問她：「你也是坐同一路公車嗎？」如果不是的話，請注意，因爲你的時間有限（她可能馬上就要上其他公車走人了），你一定要轉換話鋒，趕緊告訴她你覺得她氣質很好而且很親切，是不是有這個榮幸和她做個朋友。

然後，不要等她回答，用你開朗的笑容把話題繼續引導下去。如果她對你有一定好感的話，自然就會跟你說下去；不想理你的話，一定會說聲「不方便」，揮揮手走開。連你說什麼都不想聽的人，就讓她離開你的世界吧！我們有搭訕別人的權利，別人也有拒絕我們的權利啊！

也許，這個搭訕的過程中會有些許的轉折，比方說，女孩突然問：「你是不是注意我很久了？」你可以說：「哪有，我只是被你的美麗吸引好久了。去哪裡？你介意一起去嗎？」當然，這是個大膽的說話方式，有些女孩會因此被你吸引，而有些女孩可能會被你嚇跑。這個你要自己掌握，爭取不要成爲後者。

另外，如果上天眷顧你的話，在公交站牌旁搭訕，還可能發生一件好事。那就是，你一問對方「去××地方該坐什麼車」，對方就告訴你，她也要去同樣的目的地，或者要去的地方在同一條路線上，你們可以坐同一班車等等。

這種情況下，你跟她在等車和坐車時聊天，也顯得更自然。當然，你最後跟她要聯絡方式，也比較不會被拒絕。

阿遊是某大學大二的學生，平時放學之後在一家速食店打工。因爲速食店距離學校較遠，所以阿遊每天坐公車回學校。

一天，阿遊像往常一樣從速食店出來，走到了公車站。開始公車站一個人也沒有，幾分鐘後走過來一個美眉。阿遊大概瞄了一眼，個子挺高的，身材很棒。於是，阿遊仔細地打量了一下，那美眉眞是屬於超級美女的類型，特別是那雙眼睛，長得眞是特別漂亮。

阿遊能感覺到自己的心「撲通撲通」的。

阿遊長得不錯，因爲戴眼鏡的關係，看著挺斯文的。由於心裡小鹿作祟，阿遊走到了女孩身後，可是不巧，女孩等的那路公車來了，阿遊心一横，上！於是，他也上了那輛不知道開往何處的公車。

上了車，女孩拿出手機開始發簡訊，因爲車上空的座位很多，所以阿遊沒有坐到女孩身邊，而是坐在女孩身後。

女孩看了幾分鐘手機後，阿遊伸手輕輕拍了她一下，然後小心翼翼地問：「小姐，請問，你這是去什麼地方啊？我好像有些迷路了。」

女孩回頭笑笑說：「你要去哪裡呢？」

阿遊一愣，然後說：「我去××大學，不知道是不是坐這路車。」

女孩有點緊張地說：「你好像坐錯車了！這輛車不到××大學！」

阿遊接著說：「啊？那這輛車有經過哪些站呀？」

女孩便給他報了站名，那感覺就好像一個甜美的天使在對自己說話。

阿遊接著又說：「哦！那沒關係，我到××站下車也可以！小姐，你這是要去哪裡呢？」

女孩笑笑說：「回家啊！我家在××站！」

阿遊停了一下說：「認識你眞高興！」

女孩也許是出於禮貌，回了一句：「嗯！我也是！」

阿遊心裡一陣激動，然後將自己的電話號碼寫在了隨身帶著的本子上，接著遞給了女孩。

女孩愣了一下，也將自己的號碼寫在了本子上。

接著兩個人又聊了一會，然後，女孩下了車。

這是最簡單的公車搭訕方法，也是最實用的。很多人不明白公車搭訕怎麼能一次就成功，這也是最難的環節。公車搭訕最好要讓對方覺得自己與她是巧遇，然後進行間接搭訕，這樣搭訕不會被對方輕易拒絕。

另外，有些人不明白，上了公車後，什麼時候開始搭訕才是最合適的。這個要看對方了，要是對方一上車就獨自一人坐著，或者擺弄手機，那麼你可以直接進行搭訕。如果對方上車後一直在打電話，那麼就要挑選對方不忙的時候進行搭訕，可以簡單地說幾句話，或者是間接搭訕。如果對方一直很忙，那麼就要看你自己的搭訕技能成不成熟了。其實，最好準備一個筆記本，必要時寫下自己想說的話，遞到對方的手上。

開車搭訕的春秋故事

開車搭訕與公車搭訕的不同，一個是乘車，一個是自己開車。乘車順便搭訕的當然很多了，不過自己開車去搭訕的卻少得可憐。在開車的時候搭訕，首先要爲自己的安全負責任，其次就是要在開車不分心的情況下搭訕成功。

開車搭訕，最不方便的地方是，你在車的左方，而路邊的她通常在車外的右方，你要伸著脖子跟她講話。下面就是阿辰的搭訕故事。

第一個故事發生在春天，阿辰成爲有車族的第一個月。

他每天開著車上街轉悠，當時他駕車手生，經常在路上熄火，所以還專門列印了「實習」兩個字，貼在車後面。

一天下午，他去某公寓接一個朋友下班。朋友剛上車，阿辰就看到前方一百公尺左右出現一個婀娜的身影，頭腦中立刻浮現出電影裡男主角開著跑車瀟灑地與美女搭訕的場面。

他用1秒鐘打量了一下四周，發現這個公寓所在的地方人很少，所以不用擔心自己的駕駛技術。阿辰說：「前面有個女孩。」不等哥們反應，他已經把車開到了姑娘前方十公尺處。

阿辰鼓動哥們說：「我負責開車，你跟她說咱送她一段。」

這時，女孩正好走到他們邊上，他朋友放下車窗，露出那張小白臉，溫柔地說聲：「嗨，你好！去哪啊？我們送你一程吧……」女孩沒說話，但是臉上浮現出一絲笑容。

「上來吧，我們不是壞人。」這是多麼土的話呀！但這話從一個小帥哥嘴裡說出，還眞管用。女孩停下腳步，說：「我要去東門。」

那哥們用手拉開後門，說：「上來吧，正好讓我們這位新司機多練練技術。」然後，這美女就不客氣地坐了進來。一路上，兩人聊得很歡。阿辰緊握方向盤的雙手，在不停地顫抖。終於到了目的地，哥們和女孩互相留下了手機號碼。

第二個搭訕故事發生在夏季，那時阿辰已經把車上「實習」貼撕掉了。還是一個下午，阿辰去外面辦事。走在取車的路上，他看到公車站旁的椅子上坐著一位美眉，於是也坐了過去。

花1分鐘積攢了勇氣後，阿辰開口說道：「我想認識你。」美眉摘掉耳機，遞過一個筆記本，說：「把你電話寫這上面吧！」

此舉動著實嚇了阿辰一跳，但繼續閒聊。他發現這美眉其實很正常，估計是被搭多了，所以對阿辰這種人見怪不怪了。

美眉要等的車始終沒來。阿辰說自己是去取車的，要不一起走，送她一段。美眉謝絕了阿辰的好意。阿辰靈機一動，繼續說：「這樣吧，我自己去取車，如果你的車到時還沒來，你就讓我送。」

美眉笑而不答，阿辰揮手告別。5分鐘後，阿辰開車經過這個車站，心想：感謝公車的效率，美眉還在這裡。於是他瀟灑地伸出脖子，對她擺手：「上來吧！」這回美眉很痛快，在周圍群眾困惑的目光中，拉開車門坐上了車。

阿辰懷著激動的心情剛開車前行了不到一百公尺，路邊一個交警朝他擺手示意停車。阿辰心想：「搭訕你也管！」然後靠邊停車。交警過來，敬了個禮，說道：「公車站前後五十公尺內不許停車上下人，開張罰單吧！」

秋天來了，阿辰又給我們帶來了一個精彩的搭訕故事。

這天，他剛開車出了門，就看見路邊有一高挑女子，他知道離此處不遠是某服裝學院，一個盛產模特的地方。所以，他一腳緊急煞車，靠在路邊，從後視鏡裡觀察該女子的情況。

只見那位美眉抱著一個水果的紙箱，正在伸手攔截一輛計程車。他再看那計程車，明顯已經有乘客了。於是他立刻得出結論：此女是近視眼。這讓其貌不揚的他頓生信心，於是他掛上倒檔，「咻溜」一下把車倒到她的面前。

放下車窗，阿辰問道：「你是等不到車吧？」同時克制住自己的脖子不向右邊伸出，省得讓姑娘看清楚，影響浪漫效果。

「嗯。」她並不迴避。

「上我的車吧，半價，就是沒發票。」阿辰要做偶像兼實力派「搭訕犯」！

就這樣，他下車幫她把紙箱放進行李箱，然後心滿意足地坐回駕駛座位。他知道她這回能看清自己了，不過也晚了。原來她是服裝學院的老師，今天秋遊，校方給每人發一箱葡萄。

按照美眉的指引，阿辰把車開到她家樓下。可當阿辰向她要聯繫方式時，她卻說了句「有緣再見」。阿辰沒再勉強，他天生就不愛死纏爛打。她反倒覺得有點過意不去，打開紙箱，掰下一串葡萄遞給阿辰。

阿辰說：「謝謝了，可我開車呢，怎麼吃呀，就嘗一個吧！」於是挑了個長得最好看的葡萄摘了下來。

她也沒再客氣，抱著紙箱上樓了。阿辰把葡萄含在嘴裡：「還眞甜。」不禁非常後悔，爲什麼不把那一串全都留下了呢……

講完了開車搭訕的春秋故事，下面簡單講一下開車搭訕的注意事項。

(1)開著車出來的人就會給別人一種感覺，他們一定是小資或者是某個高階白領之類的，所以，對這樣的人，對方一定會放鬆警惕，搭訕便變得容易了。

(2)搭訕的時候不要說一些不著邊際的話，不然對方會覺得你很不靠譜，而且你的好形象也會被打破，搭訕成功會變得很難。

搭訕失意女必備寶典

對方在傷心的時候，我們要去勸慰，這會增加對方對你的好感和依賴感，有利於進一步建立信任。下面我們來看一個「搭訕犯」發在網路上的親身經歷。

某天我心情還不錯，吃完晚飯就出去散步。

在廣場上，我看見一個女孩子在那邊擦著眼淚，明顯是失意了。

我拿著相機裝出拍前面的景致，然後自然地坐在了她的旁邊，還是繼續我的工作，面對著她說了句：「你怎麼了？」之後繼續我自己的工作。

她顯然沒聽見，我隨即又說：「和你說話呢！」她回頭看看我說：「你說什麼？」我回道：「剛看你挺傷心的，我是學心理學的，看你咬著嘴角，顯然遇到了很心煩的事情了。」

她沒說什麼，繼續哭。我說：「人生不如意十有八九，不要太放在心上。」她又哭了一會，說聲「謝謝」就走了。

故事遠遠沒有結束，我沒有追她，繼續我自己的事。就在我去河邊時，又一次看見她坐在石凳上，她也看見我了。

這時她對我已經不再陌生。我先上前搭言：「眞巧，在這又遇見你了。」邊說邊坐在了她的旁邊。我繼續說：「知道你現在心情不好。忘記和你說了，我在這邊工作，今天休息就來河邊走走。我知道我有點像不良少年的，如果領著兩個小弟在後邊是不是很拉風？鬼神見了也要避之唯恐不及啊！我就是傳說中的白天嚇人，晚上嚇鬼！」

她聽完笑了笑，說：「你眞幽默。」

我說：「謝謝！我也一直覺得我很幽默。」她再一次笑了起來。

接著，我們就愉快地聊了起來，她介紹了自己，我也介紹了自己，後來我給了她我的名片，要了她的郵箱！

最後，我送她到公車站牌，她回了學校。

下面列舉一些在勸慰失意女孩的時候，可以用得到的句子。這是一些搞笑的句子，只要學會用這樣的句子，就一定能掌握安慰別人的能力。

(1)不要貪慕虛榮。虛榮是一劑毒藥，而且會上癮。所以多去注意一些現實的東西吧！比如現在有一個好男人就在你的面前，你注意到了嗎？

(2)要穿高跟鞋，但是不要高得太過分。

(3)要有幾個死黨。獨自一人的時候，保證能有死黨爲你端茶送水，而不是聲嘶力竭地：「爲什麼說愛你的那個人不能來陪你」之類的話。

(4)不要爲了那個沒必要的人傷心，你的人生還在繼續。所以不要過早地將自己的生活判死刑，要勇敢地面對新的生活。

(5)睜大雙眼選擇你的未來伴侶，如果選錯了，立即分開。不要湊合著過，那樣會害了兩個人。你的生活完全是由你自己做主的。

(6)不要和男人動手。第一，你打不過他；第二，和你動手的男人一定是個瘋子。所以，不如不動。不行就趕快分開，然後去過自己想要的生活！不要為了他浪費自己的時間，你的下一個目標一定比他更好！

(7)每天打扮得優雅，從容地出門，給自己帶上不同的笑容。

(8)對善於欣賞你的男子，報以淺淺的善意的微笑，也許你的眞命天子就在這些人當中呢。

(9)不要再難過了，不然會變老的。要知道，女人25歲以後，一定要學會保養自己的皮膚。

(10)如果可以不抽煙，別抽；如果可以不喝酒，別喝。這是我對自己女友的要求。現在用在你身上正好，相信我吧！

(11)再鬱悶也不要去泡酒吧。一個孤獨的女子手握高腳杯或者抽煙，會更添寂寞與憂傷。不如和我去喝杯茶吧！可以讓你吐吐委屈，聊聊天！

(12)如果一個男人開始怠慢你，請你離開他。不懂得疼惜你的男人不要為之不捨，更不必繼續付出你的柔情和愛情。

(13)任何時候，都不要為一個負心的男人傷心；女子更要懂得，傷心最終傷的是自己的心。如果那個男人是無情的，你更是傷不到他的心，所以，明天是新的開始。

(14)永遠不要無休止地圍著你喜歡的那個男人轉，儘管你喜歡他喜歡得掏心掏肺快要死掉了，也還是要學著給他空間。否則，你纏得太緊可能會勒死他。

(15)當一個男人對你說：「分手吧！」請不要哭泣和流淚，應該笑著說：「等你說這話很久了。」然後轉身走掉。女人有風度一點才會得到男人的欣賞。

(16)要相信自己、善待自己，讓自己的生活精彩紛呈。不要誤認為是要讓某個人後悔，而是為了讓自己的人生更精彩。

(17)如果很難抑制悲傷，那麼就外出旅遊去吧。旅行途中心靈會更充實，也許你在旅遊的過程中，會遇到自己的眞命天子。

(18)有喝下午茶、閱讀書本、聽音樂的習慣，這些都能將你的心態放平，從而得到自己想要的生活。

(19)買適合自己的衣服、飾物。適合你的就是最好的，所以不必羨慕別人的行頭有多好看。

⒇不要因爲不好意思拒絕，而接受你不喜歡的男子送的任何禮物，以免他們誤會你的意思。

㉑一次只愛一個人。這是所有男人的希望，也是道德底限，不要被任何一個男人纏住，要學會專一。

㉒知道自己要什麼，包括你喜歡什麼樣的男人。有想法的女人更吸引人，有準備的女人更幸福。

㉓寧缺毋濫。不要因爲寂寞隨手抓一個男人，這對你和他都不公平，而且太缺乏責任感。所以，對你的每一段感情都負起責任吧！

㉔對自己不喜歡的追求者的示好和關心堅定地說「不」，即使對方說：「這是我自願的，不關你的事。」

㉕已經錯失的好男人不要去後悔，他們不屬於你，睜大眼睛再找一個吧！

㉖不要愛上已婚的卻對你信誓旦旦說會拋妻棄子迎娶你的男人。如果他們眞的沒感情，自然會離婚，而不是整日對你說些莫名其妙的話。

㉗情人節或者生日時沒有人送花也無所謂，不必自己去買一束讓花店送來。你可

以將買花的錢買精美的禮物，送給媽媽和爸爸。

(28) 記住你喜歡的人的生日，包括你的家人，當然還有你自己。

(29) 你可以去愛一個男人，但是不要把自己的全部賠進去。沒有男人值得你用生命去討好。你若不愛自己，怎麼能讓別人來愛你？

(30) 偶爾做美女私房菜給他或者老友吃。但不要天天做，你生來不是爲了某個人而天天下廚房。

(31) 閑的時候自己煮花茶喝或者做茶點吃，放一段柔情音樂，翻閱幾頁好書，然後睡個懶覺，多快活！

(32) 瘋狂的事情經歷一次就好，比如翻越千山萬水去看望一個人。

(33) 沒有時間和精力的話，不要隨意表示愛心養小動物，怠慢牠們同樣是種殘忍，雖然我理解你很寂寞需要一個伴。

(34) 不要學人玩麻將。折磨身心的事情不要做。

(35) 偶爾自己唱歌給自己聽，好壞不重要，心情爽朗就可以。

(36) 孤單的時候找好朋友聊天、逛街、吃飯，不要讓孤寂淹沒自己。

(37) 如果發簡訊給你喜歡的人他不回，就不要再發了。

(38)萬一脆弱得不行了，請選好哭泣的對象，不要隨便借肩膀和胸膛。

(39)出門前，記住照鏡子，檢查一下著裝是否協調。如果時間太緊迫，建議睡覺前就選好第二天要穿的衣服。

(40)不管是和誰約會見面，約定的時間之前一定要到達。男人都喜歡守時的女人，所以，讓自己眞誠一點吧！

(41)萬一不小心喝醉了酒，不要打電話給任何人，包括「死黨」和那個他。有需要的話就找個可靠的人，單獨陪你渡過難關吧！

(42)晚上早點回家。如果自己沒有車，超過10點要打車（搭計程車），或者讓人來接，不要將自己推到危險的邊緣。

(43)從現在開始，聰明一點，不要問他想不想你，愛不愛你。他要想你或者愛你自然會對你說，但是從你的嘴裡說出來，他會很驕傲和不在乎你。

(44)平等公正地對待你和他的愛情，腳踩很多船最終會翻掉。我也喜歡忠實的女人，這樣的女人天生有種無法抵擋的魅力。

(45)一個人去看電影，買爆米花和可樂，笑翻天或者淚流滿面。

(46)不要24小時都想念同一個人。可以分一點給家人和朋友。

⑷⑺如果喜歡一個人，在允許的情況下，告訴對方。也許得不到答案，但至少你努力過，將來不必後悔（也許後悔的是對方）。

失意的女人每時每刻都在我們身邊。男人要有男子漢氣概，遇到哪個正處於情緒低落狀態的女人時，主動搭訕吧！就算是最終沒有和對方怎麼樣，想想自己能幫助一個受傷人撫平創傷，也是很開心的。

如何搭訕才算成功

雖說現在是「食草男」（形容像食草動物一樣的男子，他們友善溫和，但在婚戀關係上總少了些男子漢應有的主動，他們最大的特徵就是不會積極主動地去追求女孩子，而是喜歡保持不溫不火的步調和女孩子在一起）時代，但在路上看到自己喜歡類型的女孩子會不由自主地上前搭訕的男孩子，還是有很多的。

不論搭訕成功還是失敗，都比看著心儀女孩從自己面前溜走要好很多，最起碼事後不會後悔。但是稍微學一些搭訕技巧，提高自己的搭訕成功率，不是更好嗎？

容易被女孩接受的搭訕語，排在第一位的是——「家鄉以及畢業學校等方面的共同話題」，國人還是擺脫不了「人不親土親」的小家子氣。

排在第二位的是「自己喜歡時尚」，大概是因爲女孩會不由得對和有共同點的人放鬆警惕，想嘗鮮的心態，最容易入彀。

「鏡像法」排在第三位，找出自己和對方的共同點，從而讓女孩打開心扉，稱爲「鏡像法」。通過模仿對方表情和神態的「鏡像法」，對方會認爲——「這個人好像還可以」，而就對你放下了戒備。

以「冒昧打擾，很抱歉」開頭，很紳士地進行搭訕排在第四位。

第五位是「你好，我是××」，坦率地直接進入正題。這兩種搭訕都是讓對方放鬆警惕的好方法。要從無關緊要的閒聊和寒暄入手，解除女孩對你的警惕心很重要。

語言學家雅各森曾說，寒暄及「今天天氣不錯」之類的語言，對於自身基本上沒有任何意義，但是卻是表明和對方聊天意圖的有效語言。「今天要去哪裡」之類的語言，則容易引起女孩子的警惕。

不要錯過路邊街角偶遇的心儀女孩，但是過於急切，一點也不克制自己心情的搭訕，則會取得相反的效果。首先你要平靜一下，用普通的寒暄讓對方放下警惕，才能順利地與女孩繼續交談，從而搭訕成功。

下面舉一個廣爲人知的「麻雀變鳳凰」的例子。

成功的人往往都是聰明的，他們善於抓住契機。鄧雲迪的契機發生在一九八七年，她認識了一對美國夫婦，傑克・切瑞和他的太太。

切瑞先生當時50歲，正在廣州一家中外合資生產冰箱的工廠工作。鄧雲迪的聰明和上進，頗爲這對美國夫婦所欣賞。

一九八八年2月，鄧雲迪在切瑞夫婦的幫助下，獲得了學生簽證，並進入加州州立大學學習。後來，鄧雲迪攻讀耶魯大學工商管理碩士學位。

畢業後，鄧雲迪瞄準了默多克集團。默多克集團是全球最大的媒體企業集團之一。它主要的股東和首席執行官是基斯・魯珀特・默多克，這時的默多克集團正努力開拓香港和臺灣的市場。

於是，在飛往香港的飛機上，準備充足的鄧雲迪「偶遇」默多克新聞集團的董事布魯斯・丘士爾，丘士爾正準備去香港擔任香港衛視的副首席執行官。這次的

「偶遇」，讓鄧雲迪成功取得了香港衛視的實習生資格。

在接下來的工作中，鄧雲迪給每位員工都留下了很深刻的印象，她的交際，她的聰明，她的幹練，等等。

一九九六年秋，默多克到香港衛視總部視察。在一次酒會上，鄧雲迪成功搭上老闆默多克。據傳，當時鄧雲迪故意把紅酒撒在默多克身上……

一九九九年6月25日，鄧雲迪與傳媒巨頭默多克成婚。隨後她爲默多克成功生下一兒一女，正式取得財產繼承權。

這個例子是個很明顯的間接搭訕成功的例子，這樣的搭訕無疑是最成功的。無論男女，能搭得上默多克這樣的巨富，自然是可喜可賀的。

下面我們再來看看一則，日常生活中普通人的搭訕經歷，一位男士在他博客中這樣寫道：

那天去樓下買速食，在那家速食店的門口，有個人擺地攤賣髮飾。我接過打好包的速食，正準備回家時，看見路邊攤前又多了個穿粉色上衣的女孩。

「老闆，你說是這個好，還是這個好？」女孩拿了兩個漂亮的髮飾，左看右看，猶豫不決。

嗯，看來穿粉色衣服的女孩，愛讓別人幫著做決定。這是個比較有依賴性的女孩，我快速在腦中想了一下她需要什麼顏色的頭飾。

接著，我大步走了過去，從她手裡果斷地拿過那兩個髮飾扔在攤上，然後我從地攤中選出一個紫色帶有粉色邊紋的髮飾，遞到她的手上。

女孩錯愕地看著我，我微微一笑，露出我的招牌笑容。

「你不應該選紅色，紅色代表的是張揚、個性、喜慶，而你……」我頓了頓，說道：「你要的是氣質！」

「氣質？」女孩呆呆地看著我說道。

「對，氣質！你看，你現在穿的是粉色的衣服，應該選擇一個和粉色接近的顏色，但不可以全粉，因爲那樣太俗氣。我給你選的這個是紫色粉，在另一種程度上，紫色是粉色的變異體。而且，紫色代表高貴、雍容，能提升一個人的氣質。」

我笑了笑，「尤其是你這種臉型的女孩。」

「呵呵，」女孩笑了，「你還眞有一套，你是學色彩學的嗎？」

「不是，但曾經有過接觸。如果你需要，隨時爲你效勞！」我左手搭背，右手前伸，接過她手中的髮飾，「我可以用這個髮飾在你頭上做一個與眾不同的造型。」我知道女孩都是愛美的。

「是嗎？」女孩開心地說著，轉過身子並摘下頭上原有的髮飾。

我輕輕地用左手抓了一下她的長髮，然後右手緊貼著耳孔滑了上去。我知道這時她耳朵裡肯定會有細微的嗡聲。果然，女孩輕輕地一歪脖子。

「不許動。」我說道：「馬上就好。」然後用我從朋友那裡學來的爲女孩做髮型的技巧，迅速地爲他紮了個可愛的鬆散髮型。

「眞好看，小夥子挺會紮的啊！」地攤老闆笑呵呵地說道。

我微笑著搖了搖頭：「雕蟲小技罷了！」

女孩付了錢，站在我面前開心地摸著頭上的髮飾。

「晚上我去廣場溜冰。你去嗎？」我再次露出我的招牌純情笑容。

「嗯，我朋友常去。我很少去。」女孩猶豫地說道。

「哦。」我誇張地點著頭：「把你手機拿出來，我用一下。」

「做什麼？」女孩問道。

「你不是想知道我剛才在你手裡寫了什麼嗎？」我笑呵呵地說道。

接過女孩的手機，我馬上撥打了自己的電話，然後把自己的號碼存到她的電話本裡。「好了。」我把電話回給她，「很高興認識你！」

然後轉身離開一段距離後，回頭喊道：「晚上7點人民廣場，不見不散！」

我剛剛跑上樓，還沒有進屋子，就收到她的簡訊：

「嗯，好吧。我先去吃飯了，一會就去！」

這是一個比較夢幻的搭訕成功例子。從這個例子我們可以看出，搭訕想要的結果無非是得到對方的肯定，要到電話號碼，一次小型約會，還有必不可少的搭訕經驗。學到了這些，搭訕就算完全成功了。

一般來說，同學或同事留下聯絡方式都不會太困難，這個部分的成功率應該是100％；鄰居也是這個機率；再就是某店店員或每天搭同一班車的人，這個部分成功率也該是100％。

簡單地說，基本上確定一定會遇到二次以上的人，要到聯絡方式的成功率將近是100％。做法其實很簡單，一定不要在第一次見面時馬上要電話，一定要先觀察對方的外顯特徵，然後用很自然的方式慢慢聊開。

第一次看到，可能聊上一兩句，第二次聊1分鐘，第三次聊2～3分鐘，慢慢地增加熟悉度。如果聊天超過五次都很不錯，很多時候對方也會主動留個郵箱或是其他的聯絡方式了，就算是我們開口跟對方要，大部分也都能很輕鬆地要到。因爲那種感覺已經像朋友了，感覺愈是自然，電話就給得愈自然，不是嗎？

所以要強調觀察力的重要性，觀察力不夠，話不投機三句多。投其所好的話，要失敗還滿難的，這跟長得帥不帥關係不大，跟自己的講話技巧關係比較大。

接下來就要講到路人搭訕了，這個是最難的。因爲在幾乎沒有共同交集的情況下，必須在短短的幾分鐘之內建立互動關係，這是一大挑戰。但眞心想學搭訕的人，建議你從這裡開始！如果你連在路上搭訕都有辦法成功的話，其他場合的搭訕對你來說，都不是什麼太難的事情了。

基本上，在路上用直接搭訕法的成功率幾乎不到一半，重點不是不誠懇，據我自己的觀察，是對方根本沒有給搭訕者要電話的機會。爲什麼呢？因爲隨隨便便就給一個認識5分鐘的人電話，的確是不太可能的，而且現在社會上的陷阱那麼多，別說是女生，就算是男生也不太敢給。

在路上被直接搭訕成功的，基本上都是膽子比較大的女生，給人的感覺是她們在——「看你接下來有什麼能表現的」這樣的想法之下，把電話留下來的。所以，不用直接搭訕，利用自己的身分間接地搭訕更好。

如果你是某公司一般職員，就說你們公司現在正在做一個口頭的市場調查，希望對方給些建議；如果你是學生的話，就假借做報告的名義先跟對方繞圈子，對方肯停下腳步聽你講，而且肯回答你的問題的話，你八成就能成功要到電話。

跟一個自己喜歡的對象交往，步調可快可慢。慢的話，你要追五年、十年都可以。但有個基本定律，就是「137法則」。也就是說，在開始追求的1個月內，3次單獨約會當中，單獨相處的時間在7小時以內就大勢底定了，只要超過這三個條件當中的任何一個就得放棄。

最後再補充一點，這種交友方式較冒險，女生要記住的一句話——畢竟得到愈簡單，就愈不容易珍惜。

別搭訕正在忙碌的人

通過之前的討論，我們懂得了搭訕並不是一件很可怕的事情。可是有些人喜歡被搭訕，而有些人卻討厭至極，我們可以分析一下原因，其實有時候並不是哪個人天生厭惡搭訕，而是受了某些外因的影響。

有一位先生就在自己的部落格，寫出了忙碌時被搭訕的無奈。

一次，我去外地出差，記得當時火車要坐二十幾個小時。因爲要節省差旅費，所以買的是硬座車票。出差時間定得很匆忙，對於要去走訪的這個客户，我自己是一點印象也沒有，時間又很趕，所以上車以後我一直在看資料，忙得不可開交。

身邊坐的是一位小姐，二十出頭的模樣，上了車她就戴上了耳機。對面坐的是兩個中年人，應該是一對夫妻，那婦人一上了車便開始昏昏欲睡，看來是在爲下車後養精蓄鋭。

我這邊電話一直不斷，公司的老闆不停地在説出差的內容，而對面那位先生不知道在發什麼感慨，似乎一直在對我説話，我勉強用手捂住另一隻耳朵才聽完老闆的話。當時我眞是非常生氣。

剛放下電話，那位先生就問我：「小夥子，你是本地人？」

我無奈地點點頭。那位又問：「是去出差？」

我當時眞的有些要崩潰，心想：回答兩句他就不能再問了吧？結果，他問的話題越來越多。我不理他，看我的文件資料，他就自言自語，而且話還越來越多。

大約三小時以後，那位先生睡著了，本以爲我能趁著空檔多看一遍文件，誰知他的妻子又醒了過來，且喋喋不休地絮叨。長這麼大，第一次讓兩個搭訕的人搞得暈頭轉向。最後，資料是我在洗手間門口站著看完的，直到火車到站了，我都沒有勇氣再回到座位上去。

怎麼會有人看不出別人的急躁呢？其實，有人在搭訕的時候是不自覺的，他們根本沒有意識到自己搭訕會影響別人，所以通常這個狀況下，等待他們說完是行不通的。

他們會覺得你正在聆聽他們說話，喜歡聽他們表達。其實你心裡並不是這麼想的。因此，搭訕者要表達的時候，先要知道對方是否能夠聆聽，或者是否有時間聽你表達。這也是給大家的警示，有則改之，無則加勉吧！讓我們看著下面這篇帖子。

兩年前，有一次跟哥們去看3C展，手機模特個個爭奇鬥豔。這個哥們當時正跟我學習搭訕，看到如此場面，一定要實踐一番。

在展會這種環境裡跟模特講話很容易。通常，你只需站到展品旁邊，她們自會面帶微笑，走上來跟你介紹產品。我本以爲這種情況下還不得留下一堆電話號碼，可結果大跌眼鏡，她們全部友好地拒絕了我。

展會結束，哥們眉飛色舞地走了過來，告訴我大有收穫，一共要了四個電話。我很沒面子地向他請教訣竅，他說：「簡單，我就直接遞名片，然後跟她們侃我們公司即將舉辦活動，希望能夠跟她們一起合作，電話就留下了。就是聊的時間比較長，要不還能多認識幾個。」

聽了哥們的路數，我心裡稍稍有些釋然。不遞名片，不談工作是我搭訕多年的一個原則。但是畢竟白忙活了一個下午，心中還是略有失落。哥們回公司接著幹事業去了，我拖著沉重的腳步走進了展場附近的「永和豆漿」。

這時，一個美眉跟了進來，要了一杯豆漿在窗邊慢慢喝。我懷著破罐破摔的心情，坐到了她的面前，有一搭沒一搭地跟她開聊。

似乎她也很疲憊，我們彼此的狀態很像，不知不覺談得比較融洽。原來，她也是展場上的模特，剛剛收工了，來這裡休息一下，然後回家。

喝完豆漿，我們很自然地互留了電話號碼，由於回家順路，又正值下班高峰，所以她上了我的車，一起同行。

在路上她講到做展場的經歷：

「總有無聊男人圍過來遞名片，要號碼。」

「我們都習慣了。」

「接到名片轉臉就扔，號碼絕對不給。」

「除非是跟工作有關的人，給他留個聯繫方式。」

「但是沒有確定的事情，肯定不會去見面。」

幸虧在車裡兩個人都目視正前方，沒有讓她看到我幾次特別慚愧的表情。

這次經歷後，我得到的體會是：一定要上街搭訕，不摻雜利益因素，才能換來純潔的電話號碼。

最近相關論壇上討論過幾個話題，比如「怎麼開口」、「怎麼認識店長」、「怎麼認識經理的祕書」等。有一個「誤區」就是有點兒強調對方的社會角色。

其實，搭訕與正常社交最大的不同之處，就是讓雙方在開始時暫時脫離社會角色，彼此既沒有利益關係也沒有人際關係，可以用一種更自然的方式來感受對方。看著順眼則繼續，不合則拒絕，很民主也很眞實，誰也不必假客氣。

被搭訕的人，不會因爲你的社會角色而有意結識你，也不會因爲抹不開面子而勉強給你留下號碼。而正常社交中，這兩種情況是經常發生的，結果都是讓你自己白費工夫，而且有時還會人財兩空。

所以，這裡的建議是，如果你眞有心認識哪個店員，就不要在她工作的時候出手，不妨等她下班之後，甚至可以等她去廁所的時候製造個無意的邂逅。

開始的對話，僅僅表現出你對她這個「人」有點兒興趣就可以了。一上來就表明你知道她是哪家店的員工，反而會讓人家不自在。除非人家對你一見鍾情，但這畢竟是機率很小的事情。

忙碌的人自然是不好惹的，輕則他們會語言教訓你，重則可能會動手，這都是有可能的事。所以說，搭訕一定要把握好時機。注意一下別人的感覺再去搭訕，這是對別人的尊重，也是對自己的尊重。

複合商場裡的女老闆「搭訕殺手」

搭訕的一般場合無非是公園、公車、飯店和百貨公司。這裡介紹一個新的場合，它和百貨公司有些類似——複合商場，近年來興起的購物城，以及西門町的商業大樓等等。

對於複合商場這樣的地方，我們可以用「極度熱鬧」來形容。一般都是人來人往，是女孩子最愛的地方之一，所以這個地方是最適合「搭訕犯」搭訕女孩子的。很多「搭訕犯」也常常穿梭於這樣那樣的複合商場，主要是因爲這種地方更容易接近目標，不過挫折也是常有的。

一次獨自閒逛，阿剛去了西門町的小型複合商場。這個商場裡面的化妝品超市很多，自然成了女孩們的首要購物地點。

阿剛發現了一個合意的美眉，個子不高，散發著一股獨特的氣息。該美眉在三樓轉了一圈，便拐進了小家電區。阿剛見美眉拿起一個小型風扇看了起來，那模樣眞的很美。

於是阿剛鼓起勇氣走上去，正想用原始的保守方法說——「小姐，你很有氣質」的時候，突然發現身邊一個中年女人正對他瞟著白眼，他便猶豫地退了回去。

等了一會，聽她們談話才明白，那女人是這個小店的老闆，怪不得呢！估計她是怕阿剛影響她做生意。

保守的搭訕法在這裡可以被推翻了，所以他採取了另一個方法——推薦式。

當然，女老闆是爲了上門來看她店裡產品的美眉採取了排斥現象，是因爲她認爲這個無聊男子的搭訕會破壞她做生意，讓這位美眉分心不買她的東西。對待「搭訕犯」，她們可是眼裡揉不得沙子呀！

阿剛重新鼓起勇氣走上去。那美眉還在挑東西，他走到美眉旁邊拿起她剛拿過的那個風扇（之前觀察過，女老闆一直在推薦這個），朝美眉笑笑說：「我現在用這個，感覺不錯，而且這個店裡的東西都很獨特。」

女孩抬頭看看他，那雙大大的眼睛更加堅定了他的搭訕信念。

於是他繼續說：「我只是路過，給你提個建議！可不是老闆的親戚哦！」

那女孩也笑笑問：「這個，你用過？怎麼樣？」

他故做冷靜地說：「很好，用一年多了，風力絕對沒問題。」

女孩半信半疑地拿過去仔細看，他在一邊朝女老闆微笑，證明自己不是過來攪生意的。女老闆還在瞪大眼睛看他，他朝她做了個「安心」狀。

沒幾分鐘女孩就決定了，讓女老闆將那個風扇打包，然後問：「你這東西沒保證書之類的嗎？」女老闆有些遲疑。

他搶過話說：「如果壞了，你可以拿我是問。我的電話是……」

女孩趕忙拿出手機記號碼。他很正式地說：「你給我打過來吧，試試是不是我的號碼，省得以爲我騙你！」

女孩隨即電話撥過來，他心想：OK了！

搭訕的時候，最不能忘記的就是觀察身邊的「殺手」們。有些人，你看著無關緊要，可能是給你的搭訕潑上最冷的一盆水的人。

遇到問題要積極主動地想辦法解決，與其你站在那裡傻傻地被「殺手」們狙擊，還不如主動進攻，與「殺手」找到共同利益點，然後讓搭訕一次成功呢！

搭訕沒有成敗，被拒情況之分析

列舉過多的搭訕成功的事例，難免給大家造成一種錯覺：只要方法正確，搭訕就很容易。其實不然，搭訕是個機率事件，至少有50%失敗的可能。

同樣的時間、地點、場合、開場白，但是會有不同的結果，這實在不是我們的錯，只能把原因歸結到對方身上了。經過總結，可以把拒絕我們的女人分爲五種類型：溫暖關懷型、冰清玉潔型、大驚小怪型、尖酸刻薄型、敷衍了事型。

(1)**溫暖關懷型**。這是被拒絕的搭訕中最人道、最體貼的一種，甚至可以不算被拒絕，但是畢竟沒要到對方電話。這類情況多見於對方已經有男友或者結婚，雖然我們聊得很愉快，可一旦提出保持聯繫，她們卻絕對堅持原則，不過語氣都充滿歉意，讓「搭訕犯」們感覺雖敗猶榮。

(2)**冰清玉潔型**。這類女孩通常漂亮、時尚、小資，還很上進。在她們面前，「搭訕犯」成了「透明人」，她成了聾啞人，好處是節省時間，馬上就知道沒戲。冰清玉潔型的年齡一般不超過25歲。

(3)**大驚小怪型**。這類女孩通常也不會超過25歲，還有點兒神經質，而且不會很漂亮，所以被搭訕的經歷不多，遇見「搭訕犯」一般都當作變態處理。常見表現：在人多的地方是倒退幾步，雙手外推，故做求救狀；在人少的地方是撒腿就跑。由於被搭訕的姑娘腿一般都比較長，所以跑得也比較快。

(4) 尖酸刻薄型。這類美女顯然對男性帶一點兒仇恨。「搭訕犯」一句「你好」，直接換來惡狠狠的一雙美麗的白眼。這時候，「搭訕犯」心裡就兩個字——「倒楣！」

(5) 敷衍了事型。這是被拒絕最常見的情況了，基本都是正常女人，可能就是看我不來電、不順眼、不舒服、不放心，但是人家也有禮貌，人家也給面子，跟你應付幾句話，聰明識相的，給臺階就下了。

其實最令人沮喪的就是這第五種情況，因爲其他幾種類型還能令我感受一下人生百態，而遇到這種敷衍了事型的，讓人立刻回到死氣沉沉的現實。

下面對搭訕全流程中的一些常見錯誤，做進一步細緻的分析。

1. 開場階段

搭訕犯：「你好。」

美眉：「嗯……」

搭訕犯：「剛才在那邊看到你，覺得你氣質不錯，所以過來認識一下，能把你的電話號碼告訴我嗎？」

美眉：「不要吧……」（或理都不理你，轉頭就走人。）

【分析】首先，在沒有任何交流的情況下，不應該直接要號碼。其次，不要上來就讚美，尤其不要說氣質好。這年頭，讚美姑娘氣質好已經是非常過時的行爲了。比較正確的流程是——

搭訕犯：「你好……」（停頓一下，讓對方有個反應過程。）

「我想認識你！」或者「其實，我就是想來認識你的。」

美眉：「哦……」

搭訕犯：「我剛從那邊的唱片行出來，看見你正一個人在喝咖啡，於是我腦袋一熱就跑過來了。」

把自己怎麼發現美眉，然後又怎麼上前搭訕的過程簡要敘述一遍，通常可以給對方帶來最基本的安全感。而這時候進行讚美是會影響安全感的（顯得你有意圖），尤其是讚美氣質，會直接把你打入髮廊小弟的行列。

避免空洞的讚美，但可以把你眼中的她描述得具體一點兒，這樣會讓美眉覺得這個「搭訕犯」眞實且有趣。

2．中場階段

搭訕犯：「你是來逛街的嗎？」

美眉：「嗯……」

搭訕犯：「那咱們一起逛吧！」

美眉：「哦，不用了吧……」

【分析】典型的男人式的廢話，明明已經在一起逛呢，非要多嘴再聲明一下，把一件正在自然而然進行的事情，變成一個契約，讓美眉的心理防衛陡增。不過有趣的是，這句廢話的根源，是男人自己缺乏安全感。

3．收尾階段

搭訕犯：「留個手機號吧！」
美眉：「好的，1234567×××。」
搭訕犯：「你叫什麼名字？」
美眉：「啊……叫我莎莎吧……」

【分析】有時候，美眉願意給你電話，卻不一定願意馬上告訴你她的眞實姓名，所以，更恰當的問法是——「我該怎麼稱呼你？」

4．結束語

美眉：「拜拜。」

搭訕犯：「拜拜，有空一起出來玩！」

【分析】爲什麼非加上這句「有空一起出來玩」呢？狗尾續貂，畫蛇添足！

首先，人家只是給你一個相互了解的機會，還沒把你當朋友，這句話會讓人覺得你自以爲是。其次，就算是可以出來玩，最好也是到時候再說，因爲你面對的是女人，不是業務客戶。

對於客戶來說，能一起出來玩是有一定意義的，所以分開時強調一下也罷，而對於女人來說，出來玩的情緒狀態才是最重要的。因此提前說反而顯得這個男人婆婆媽媽。

漂亮的女生有男朋友，是天經地義的事，畢竟其他男生的眼睛也是雪亮的，一看到美女當然也會很有興趣，不管是通過朋友介紹還是在路上搭訕認識她，都會採取瘋狂的攻勢。所以，一定要找到那個你最喜歡的對象，然後好好交往。

答應赴約而最後放你鴿子的女生，一般是下面這幾種情況——

1．無論誰約都答應。

去不去，她自己也不知道。這種情況一般會發生在年紀比較小的女生身上，比較嬌慣，比較缺乏教養，除了有點漂亮之外幾乎沒別的優點。等時間到了，你打電話過去催促，不是不接就是根本不記得有這回事。

有些「搭訕犯」不明白這一點，總是屁顛屁顛地去準備，結果是換來無盡空餘恨。一些攝影師約模特拍照，情況也是一個樣，模特中的一些人，無論生活還是工作，都是一團糟。

2．不好意思拒絕，先答應。

還有一兩個小時的時候，美眉就會告訴你：「不好意思，臨時有事，去不了了。」有些女生不好意思拒絕人，這樣拒絕會婉轉一點。

如果約在幾天之後，她會說：「好啊，到時候看有沒有事。」這種模棱兩可的答覆，大多也是這種結局。

3．答應之後，有了更好、更親近的邀約，便放你鴿子。

試想一下。如果你是一個女生，在一個百無聊賴的下午，一個樣子可能你記不太清，但總體印象乾淨整潔、彬彬有禮、勇敢自信的男生飛來簡訊，你們相談甚歡，他發來邀約，而你剛好新買了雙好看的鞋子，今天也剛好想出去，對那個男生又有那麼一點點好奇，於是你就答應了。

半個小時後，你的閨蜜發來更好、更誘惑的邀約，或者與你關係更親近的、發展中的，或者是男朋友來約，而對於今天第一個出場的，那個記憶深處中相對模糊的男生，不放他的鴿子還放誰的？

4．答應的時候想去，要去的時候不想去了。

沒什麼理由，就是不想去了。對於善變的女生，這也是一個充足的理由。經歷中，最喜歡這樣幹的是雙子座。

下面是一則比較有意思的搭訕失敗的案例。

路邊有一個美眉在邊走路邊打電話。

阿蒙超越了美眉，並放慢了步子。

等美眉打完電話，阿蒙稍微減速，扭頭對美眉微笑道：「你好！」

美眉也看著阿蒙，微笑：「你有什麼事？」

阿蒙：「你住附近吧？我最近天天看見你，就是一直沒好意思和你說話。」

（害羞開場）

美眉：「你也在這裡住麼？」

阿蒙：「我住×××。」

美眉：「哦。」

阿蒙：「星期六這麼早，你去上班還是逛街？」

美眉：「去公司那邊。」

阿蒙：「加班麼？」

美眉：「不是加班。」

阿蒙：「哦，那是去公司玩啊！喝公司的水，上公司的網，用公司的電。」

（爆破點）

美眉：「呵呵呵呵……那不是太卑鄙了。」

阿蒙：「我以前就是這樣的，週末無事就到公司享受空調，涼快。」

美眉：「我剛才說那樣很卑鄙，不小心說到你，不好意思哦！」

阿蒙：「我要走了，有點事……對了，你叫什麼？」（回馬槍）

美眉：「你叫我小豬好了。」

阿蒙：「你爲什麼叫小豬？你這麼苗條，哪點像豬啊？」

美眉：「朋友叫的。」

阿蒙：「你上網嗎？把號碼告訴我吧。」

美眉：「我不上網的。」

阿蒙：「那電話吧。」（掏出了手機）「——？」（引導與暗示）

美眉：「下次遇到你再告訴你。」

阿蒙：「你不會因爲怕見我，馬上就搬家走了吧？」

美眉：「不至於吧！」

阿蒙：「那我只好每天在你樓下等了，你不會爲了躲我翻牆走吧？」

美眉：「有可能。」

阿蒙：「那你會被當賊抓起來的。」

美眉：「哪有這麼漂亮的賊？」

阿蒙：「哎，現在的女孩怎麼都這麼臭美啊！」

美眉：「本來就是。」

阿蒙：「好了，把電話告訴我吧！」

美眉：「下次見到你再給你。」

阿蒙：「我知道你怕我給你打騷擾的電話。我不會打太多，最多一天打十幾個。」（解除拒絕的萬能話術）

美眉：「那還行。」

阿蒙：「眞的，不要這麼小氣，一個電話而已。」

美眉：「我很有原則的。說不給就不給。」

阿蒙：「我也很有原則的，說想要就得要。」

美眉：「那你不怕耽誤時間就跟著我。」

阿蒙：「我跟到你公司去。」

美眉：「好啊！」

阿蒙：「算了算了，不給拉倒！」

美眉：「就等你這句呢！」

阿蒙：「拜拜！」

之後阿蒙逃離了這個是非之地，搭訕無情地失敗了。

通常，在被拒絕後的5～10分鐘之內，很多人會臉紅心跳，像做了不可告人的事情。但奇妙的是，接下來，又會進入一種特亢奮的狀態，似乎刀槍不入、百毒不侵。

有很多人就是在被拒絕之後的半個小時內，又從另外一個女孩那裡成功地要到了電話。這讓人聯想到小時候游泳，先去沖個涼水澡，等到渾身發熱了再跳到池子裡，就什麼也不怕了。

總之，搭訕被拒絕時，大都是不愉快的，溫暖關懷型的拒絕除外。這是沒有辦法的事情，即使平時有再多的自我安慰的方法，但事到臨頭，被自己滿懷期望的對象拒絕，還是會讓人感到打擊。所以，一定要不斷提醒自己，一個好的拳擊選手必須有抗打擊能力，一個優秀的「搭訕犯」也必須經得住被拒絕。

搭訕和推銷員一樣，從被拒絕那一刻，才開始正式啓動！

國家圖書館出版品預行編目資料

黃金說話術／麥凡勒　主編 -- 初版-- 新北市：
新潮社文化事業有限公司，2022.11
冊；　公分
ISBN 978-986-316-849-2 (平裝)
1. CST：說話藝術 2. CST：溝通技巧

192.32　　111013517

黃金說話術

主　編　麥凡勒
企　劃　天蠍座文創製作
出　版　新潮社文化事業有限公司
電話 02-8666-5711
傳真 02-8666-5833
E-mail：service@xcsbook.com.tw

印前作業　東豪印刷事業有限公司
印刷作業　福霖印刷有限公司

總 經 銷　創智文化有限公司
新北市土城區忠承路 89 號 6F（永寧科技園區）
電話 02-2268-3489
傳真 02-2269-6560

初　版　2022 年 11 月